中国区域金融与区域经济发展相关性研究

史 瑛 著

四川大学出版社

责任编辑:梁　平
责任校对:杜　彬
封面设计:刘宗宾
责任印制:王　炜

图书在版编目(CIP)数据

中国区域金融与区域经济发展相关性研究 / 史瑛著.
—成都：四川大学出版社，2017.12
ISBN 978-7-5690-0933-0

Ⅰ.①中…　Ⅱ.①史…　Ⅲ.①区域金融-关系-区域
经济发展-研究-中国　Ⅳ.①F832.7②F127

中国版本图书馆 CIP 数据核字（2017）第 179935 号

书　名	**中国区域金融与区域经济发展相关性研究**
著　　者	史　瑛
出　　版	四川大学出版社
地　　址	成都市一环路南一段24号 (610065)
发　　行	四川大学出版社
书　　号	ISBN 978-7-5690-0933-0
印　　刷	廊坊市广阳区九洲印刷厂
成品尺寸	170 mm×240 mm
印　　张	11
字　　数	187 千字
版　　次	2017 年 12 月第 1 版
印　　次	2017 年 12 月第 1 次印刷
定　　价	60.00 元

◆读者邮购本书,请与本社发行科联系。
　电话:(028)85408408/(028)85401670/
　(028)85408023　邮政编码:610065
◆本社图书如有印装质量问题,请
　寄回出版社调换。
◆网址:http://www.scupress.net

前　言

改革开放以来,我国经济保持了持续高速增长的态势,整体经济实力极大提升,但区域间的发展差距却逐渐拉大,在科学发展观统领下调控区域增长差距、协调地区经济发展成为政府和学者们高度关注的问题之一。本研究在定性分析的基础上对我国地区间经济发展水平的差异程度进行了多维定量分析,揭示了国内区域经济增长的地理空间分布特征及其随时间的演进规律,进一步对我国区域经济与区域金融的空间差异、空间过程和空间的相互作用进行多角度剖析,揭示了区域金融因素对影响区域经济增长空间格局演变的关键作用,提出通过相应的政策调节措施推动区域经济向均衡协调发展。本研究的创新主要体现在以下四个方面:

1. 引入国际上新近发展的分布动态(MEDD)分析方法,基于省级和地市级两个层面,从空间和时间两个维度,使用随机核密度估计技术并结合三维图形和等高线图分析,揭示我国区域经济增长的时空分布及演进特征,弥补了国内现有研究中对数据序列任意离散化产生的估计偏差。通过分析,发现我国区域经济增长差距并非如已有研究中所争论的呈正 U 形或倒 U 形,而是经历了缩小—扩大—缩小的过程。当前,国内区域经济发展进入新的重要转折时期,各地区之间的区域经济发展差距正在缩小,增长相对均衡,未来我国经济发展将依靠包括中西部在内的更多地区的经济增长极来多元化驱动。

2. 将空间计量分析技术与分量回归(Quantile Regression)技术相结合,对我国区域经济收敛及其金融原因进行了重新审视,克服了传统方法只能度量外生变量对内生变量"平均"影响效果的局限。分析表明,我国区域经济增长收敛具有阶段性特征,在 1992 年前、后分别表现为绝对收敛和条件收敛,其中地区金融发展水平对条件收敛起决定性作用,地区金融发展水平越高则经济增长收敛的速度越快。

因此,通过区域金融资源的优化均衡配置将会有利于国内区域经济协调发展。

3. 建立面板数据的阈效应(Threshold Effects)计量分析模型,运用 Bootstrap 方法对区域金融发展与区域经济增长间的阈效应和阈值点进行估计检验,揭示了二者间的非线性关系。研究发现,在经济发展水平较高和处于稳态增长的地区,金融发展促进经济增长,并且区域金融发展水平决定了该地区经济增长速度;在达到经济稳态的过程中,地区金融发展水平通过影响金融发展速度进而决定该地区的经济增长,而经济水平落后地区的金融状况会对当地经济增长形成阻碍。

4. 从金融地理视角出发,建立面板数据的空间计量分析模型,利用似无相关回归(SUR)技术揭示了地理空间效应对货币调控政策的影响作用。结果表明,现行货币政策在执行效果上存在明显的区域异质特征,这就削弱了政府通过调控手段影响区域金融资源配置进而协调区域经济的效果,其背后是商业银行架构体系和微观行为的结果。监管部门应通过加强地区金融机构体系和综合调控机制等措施,优化地区金融资源配置,避免商业银行微观行为对货币信贷政策传导渠道的不利影响,进而实现通过调控区域金融来促进经济协调发展的目标。

目 录

第3章　区域经济增长的时空分布特征与演进规律分析

第4章　区域金融发展与区域经济收敛

第7章　结论及展望

第1章 绪 论

改革开放 30 多年来,中国经济保持了快速增长的态势,但区域间的发展差距却逐渐拉大,协调区域发展、缩小区域差距成为政府和学者们高度关注的问题之一,国内外学者对中国区域经济增长与地区发展差距进行了广泛而深入的研究。其中,区域金融作为金融规模、结构与运行在空间上的分布状况,通过聚合区域经济发展的各种因素而影响区域经济成长及其差异演变。学者们大体上认同了区域金融发展对于经济增长的促进作用,但对于这一领域的理论与经验研究,还有许多工作要做,如区域金融结构(质)和金融发展(量)如何影响区域经济增长,中国各省、区、市金融结构趋同与分化格局同区域经济分布与演进格局的关联性如何,等等。

1.1 研究背景及问题的提出

改革开放以来,中国经济持续保持高速增长态势,取得了举世瞩目的成就,极大地促进了中国整体经济实力的提升。1978～2008 年,我国实际 GDP 由 3645.2亿元增加到 60189.5 亿元,实际人均 GDP 由 381 元增加到 4540.6 元,在此期间,各省份的经济总量和人均收入也呈现出显著的上升趋势。但与这种快速增长相伴随的是,中国地区间的经济增长速度与居民生活水平存在明显差异,东部沿海地区的经济增长状况在近 30 年始终好于中、西部地区。由于资源禀赋、市场容量等方面的异质性,一国各地区不可能保持完全相同的经济增长速度,但如果地区间的经济差异长期存在或差异程度较大,则会影响到资源的配置效率和要素市场扩展,不利于提高整体经济的效率和保持经济增长的连续性;同时地区间经济增长的不协调还会对社会秩序产生负面影响,中国全面建设小康社会和现代化所追求的,不单单是整体的经济增长,而是在增长基础上实现经济社会的全面进步,让各地区居民相对均匀地分享增长的成果,区域经济增长长期失衡则不利于各地区居民相对均匀地分享经济增长的成果,影响效率与公平的改革目标。正是基于上述考虑,近年来我国政府在以科学发展观统领全局的思路下,将调控区域的增长差距、协调地区经济发展摆在更突出的地位。为了能够较为全面地反映我国现阶段各地区的经济发展状况,以及各地区在经济发展过程中所呈现出的不同变化规律和运行特征,需要在定性的基础上对我国各省份之间经济发展水平的差异程度进行定量分析,清晰地揭示我国区域经济增长的地理空间分布特征及其演化规律,并研究我国的地区经济增长模式是否具有收敛性特征以及我国区域经济增长空间分布演进趋势受何种因素影响。

基于新古典增长理论,学者们开展了区域经济增长趋同的研究。在劳动力和资本边际效用递减、市场完全竞争和技术进步外生等假设条件下建立的新古典增长模型,得出了一个重要的推论——趋同假说,即假如区域间要素投入可以自由流动,基于要素边际收益递减规律,经济水平较低的国家或地区具有相对较高的经济增长率,这样,随着时间的推移,不同国家或不同地区间经济的差异有可能消失,区域间的人均产出和经济增长将趋于均衡,或最终都要收敛到稳态的位置,并沿着稳态路径发展,即走向趋同。按照新古典模型的这个推论,如果除了初始人均资本量以外,所有经济体的其他条件都是相同的,那么收敛性在绝对意义上会成立,即经济体的经济增长率与其初始水平呈负相关关系(即绝对 β 趋同);然而,不同经济体具有多方面的差异——包括自然条件、储蓄倾向、生育倾向、工作意愿、技术偏好和政策等方面的差异,区域经济体同质性的假定很难实现。但若把影响绝对经济稳定状态的因素加入模型之后,经济体之间则存在趋同,那么收敛性在条件意义上成立(即条件 β 趋同),多数实证检验证明了条件收敛的观点,即在世界范围内并不存在绝对 β 趋同,但确实存在条件 β 趋同,具有代表性的研究有 Barro 和 Sala-I-Martin

以美国的州为对象进行的分析,以及一些学者对欧盟国家的分析[1]。后续的研究发现,在现实经济发展中,影响和决定经济稳态的因素——自然条件、储蓄倾向和政策等,可能会在一定时期、一定的组内逐渐走向相似而使得这些区域具有相似的稳态,从而使这些区域在经济增长的过程中逐步走向趋同[2]。这表明,只有在具有相似稳态的经济体之间才存在新古典经济理论所预期的趋同,学者们由此还提出了俱乐部趋同的概念,即经济增长的初始条件和结构特征等方面都相似的区域之间会发生相互趋同。但以罗默[3]、卢卡斯[4]等为代表的学者所建立的新增长理论,把技术因素内生化,并得出了区域经济增长不是走向趋同,而是走向趋异的结论。之后在此基础上形成的技术扩散模型综合了内生增长理论的长期增长特征和新古典增长模型的收敛特征,因此区域经济体之间不是彼此隔绝的"孤岛",而表现为一种相关性,且技术扩散的强度在区域经济个体之间必定是不均匀的,有可能与地理学第一定律相符(任何事物之间都是相互联系的,联系强度与地理距离负相关),区域经济体之间的这种强度不等的相关性,有可能使得一定时期、一定组内的经济体逐步走向趋同,特别是在空间上相邻或相近的区域之间形成"空间俱乐部"。

近些年,大量的实证研究基本上是把地理经济实体作为"孤岛"来处理的,并假定区域经济体之间是相互独立的和封闭的。但是,在现实世界中,区域经济是一个开放的系统,知识和技术的扩散,人口和要素的流动等,使得相邻或相近区域之间通过积聚和辐射作用,对自身和邻近区域经济体的发展产生影响,这决定了区域经济体之间并不是孤立的,而是相互联系的,这也就意味着以往大多数忽略地理空间效应的经济增长趋同研究,可能存在着使用了不恰当的模型的问题或者做出了不可靠的推论。近年来,随着 ESDA(Exploratory Spatial Data Analysis)技术的发展,经济地理学和区域经济学者们对俱乐部趋同的研究兴趣日益增强,并开始考虑空间相关性对俱乐部趋同的影响。

应该看到,发展中国家在经济发展过程中出现一定的地区差异是一种普遍现象。但是,这种差异长时间的存在或扩大必然会影响经济发展的整体效率,对大国经济的稳定、协调发展带来不利的后果。我国区域经济发展不平衡主要表现在两个层面,一是我国经济发达地区与欠发达地区的经济差距明显,二是经济发达地区内部和经济不发达地区内部呈现趋同和聚集的趋势。全面建设小康社会和构建社会主义和谐社会,必须要缩小区域经济差距、实现区域经济均衡发展,因此在理论上需加强有关问题的研究,如区域经济增长差异的收敛与趋异问题,即贫困区域能否赶上富裕区域;经济增长过程中的地理(空间)溢出效应问题和区域经济增长的空间发展模式问题;在区域经济增长空间非均匀分布条件下,对区域经济增长机制与成因的实证检验和估计等问题。

由于区域经济金融主体之间在地理上是一些明显具有空间依赖性的经济实体,空间相关性是我国区域经济金融分布的一个重要特征,有必要将地理空间维度引入区域经济金融发展过程的研究中来。另外,金融作为现代经济的核心,在资源配置、风险管理、信息提供以及促进经济发展中发挥着重要作用,特别是区域金融的协调发展对中国区域经济的协调发展起着关键性的作用。所以,在构建和谐社会的进程中,我们尤其要重视区域金融的发展及其差距。尽管国际上对新兴市场国家以及转轨经济国家的相关实证研究成果已有很多,但对于中国的区域金融发展以及其地区差距方面的探讨则比较少,对区域经济发展具有先导作用的区域金融,至今却没得到应有的足够关注。有关中国的区域金融发展是呈现收敛还是发散态势、造成区域金融发展差距的原因是什么、其与中国区域经济发展差距有何关系、应该采取什么样的方式促进区域金融的协调发展等诸多问题都值得进行深入的研究。本书将在已有研究的基础上,进一步以省和地市两级行政单元为基本研究单元,采用 ESDA 和空间经济计量分析等前沿技术探究中国区域经济发展中俱乐部趋同的存在、区域结构特征及其变化,以及空间俱乐部的产生原因等,并对我国区域金融结构(质)和金融发展(量)影响区域经济增长的原因和机理进行详细分析,对各省、区、市的金融结构趋同和分化格局与区域经济分布和演进格局的关联、互动进行阐释,在此基础上提出有关促进我国区域经济金融协调、均衡的政策和建议。

1.2　研究意义

1.2.1　理论意义

经济金融化是现代市场经济的显著特征。多年来,学术界对金融问题的研究重点集中在宏观金融理论和微观金融理论两个层面,对金融活动的区域化问题并没有给予足够的重视,尚未形成完整的区域金融理论,相关研究成果较少。因此,选择区域金融作为研究领域具有重要的理论意义和价值。就区域金融理论现有的研究成果来看,研究多集中在区域金融与区域经济的相互作用等方面,研究工具和研究手段也比较单一。对于国土广袤、区域经济金融演进复杂的中国来讲,区域金融成长空间布局的演化过程,包括区域金融主体在地理空间上集聚过程、区域金融中心的布局变化、区域金融主体的空间依赖和空间相互作用、区域金融一体化的演化趋势等诸多领域的问题都有待解决,但当前国内相关研究还不够充分;同时,国内学者在区域金融主体的划分上,基本上是遵循"东、中、西"大区或者省级行政区的划分方式,缺乏更为细致的研究。本研究采用金融地理学、区域经济学的前沿理论,利用地理统计学、空间计量学等技术手段,对我国区域经济与区域金融的空间差异、空间过程和空间的相互作用进行多角度的细致剖析,还突破了现有成果中对研究区域的划分,深入到地市级层面研究经济实体在地理空间上的相互依赖和空间集聚性,将研究视角从"行政区金融"向"经济区金融"转换。本研究在很大程度上将区域经济学、经济地理学、金融地理学、空间经济学等相关理论和方法进行综合利用、交叉运用,是对金融学研究范畴的扩展和完善补充。

考虑到我国金融改革和发展对我国经济发展的重要性,以及从世界角度看我国区域金融的典型性和特殊性,借鉴西方相关学科研究的前沿理论和方法,大力开展我国的区域金融研究,对国内区域金融资源分布与结构、区域金融发展、金融地域运动、金融集聚等进行全面透析,在理论上揭示"金融运动与地域空间关系"的金融地域运动规律,对于弥补当前我国区域金融理论研究中的不足,促进我国区域金融学和区域经济学、金融地理学等相关学科的发展具有重要意义。

1.2.2 实践意义

在中国经济改革和发展的过程中,经济结构演变不仅表现为产业结构的转换,而且表现在区域经济的非均衡发展和经济发展水平差异的扩大。金融在现代市场经济中表现出强大的作用力、渗透力和推动力,金融发展构成了现代市场经济发展的最重要方面。因此,区域经济差距的扩大与区域金融结构与金融发展的变动有着密切的联系。显然,探讨和研究区域金融结构和金融发展的变动规律,对协调区域经济利益和缩小区域经济差距具有重大的现实意义。

可以预见,在中国未来经济中,区域经济将扮演非常重要的角色,区域合作将进一步朝着纵深发展,要想实现区域经济在更大范围、更广领域、更高层次上的融合,金融的核心和主导作用不可或缺。经济发展迫切需要金融资源在更广泛的范围内自由流动,实现区域联动。然而由于行政区划、金融监管和金融机构内部垂直管理,各经济区域一直存在金融资本断裂的状况。本书的研究成果,除了在理论上为我国区域经济发展中金融的推动和引导作用提供理论解释,在应用上也将为建立区域金融合作的新机制、推进区域金融服务的便利化、加快区域金融资源的优化配置、加强区域金融的基础设施建设、共同防范和化解金融风险等方面奠定基础。这将有利于我国金融业自身抓住机遇,优化资源配置,创新金融服务,改善金融监管,防范金融风险,不断提高区域金融业的整体实力和竞争力,在经济金融化、金融全球化趋势日益明显的国际竞争中立于不败之地。另外,只有让金融在区域资源流动中更好地发挥配置导向和市场调控作用,为区域经济社会发展提供更加多样、更加便利、更加完善的金融服务,为区域经济持续健康发展拓展平台,创造发展条件,抓住新的发展机遇,实现金融和经济协调发展,我国区域经济发展才能不断地取得更大的成效。

1.3　研究方法

本研究的理论依托是相关的经济金融理论研究成果以及众多学者采用金融发展理论在区域经济发展方面较为分散的研究成果,主要包括区域经济学相关理论、经济地理学相关理论和金融地理学相关理论等研究成果。在研究技术和方法上,主要采用了:

一是相关理论借鉴与引申的方法。由于目前区域金融理论体系本身尚处于创建阶段,没有形成独立的分析框架,因而在研究过程当中必然要采用借鉴作为依托的相关理论并加以引申的方法。这种方法本身不仅符合学科创建规律,而且也是分析新生问题时所必需的。对区域金融的研究始于对金融发展一般理论的概括和分析,区域金融是将金融置于区域范畴,分析金融在空间上的结构形态与作用机制,这又与区位理论、金融地理学理论的研究紧密相关。本书在研究金融发展差距的发展趋势问题时又将从区域经济发展理论中吸收必要的理论精华,因此在研究区域金融时需要借鉴大量的相关理论。

二是比较分析的方法。区域金融发展差异与聚集及其变动规律是本书分析与研究的重点。不同地区、不同时期的金融结构差异及其变动规律是本书分析和研究的对象,本书将进行大量的横向比较和纵向比较。

三是计量检验的实证分析方法。为了更具有说服力,本书运用计量经济学方法阐述和说明问题,力争使定性分析建立在对可靠数据和实例进行定量分析的基础上。并在分析的基础上得出相应的结论。区域金融发展差异与聚集的发展趋势意味着大量的计量检验,以此回答区域金融发展的时空规律问题。

四是理论与实际相结合的方法。本书力图使研究既有理论分析的色彩,同时又具有操作性的政策内涵。

另外,还运用了从抽象到具体、从具体到抽象的分析方法,定性和定量的分析方法,动态分析和静态分析方法,其他方法诸如演绎、论证、引证等也有所应用。

1.4 研究内容及技术路线

本书在对区域经济增长和区域金融增长空间分布规律以及二者关系的研究进行充分回顾、比较和归纳出各研究方法的优缺点基础上,结合当前地理空间效应在相关研究中的最新应用,在 Barro 和 Sala-I-Martin 新古典增长模型的基础上,提出了基于区域经济增长趋同的空间分析模型框架。基于省级区域和现有研究较少涉及的地市级区域两个层面,对我国区域经济增长进行全局和局部空间的相关性分析,并进一步引入前沿的分布动态方法,对我国区域经济增长的形状和分布特征随时间演变的规律进行了深入的和动态的分析探究,揭示出我国区域经济发展经历了"收敛—发散—收敛"的不断调整过程极其演进机制。为进一步解释我国区域经济收敛机制背后的影响因素,本书对区域金融发展的空间布局和时空演进特征与我国区域经济增长格局的一致性和因果关系进行定量验证,通过将空间计量分析技术与分量回归(Quantile Regression)技术相结合,对我国区域经济收敛及其金融原因进行了重新审视,论证了区域金融空间分布格局与趋势的变动对区域经济空间分布趋势变动的非均衡影响。同时,本书通过对国家宏观经济政策调节金融发展区域效应进行分析,发现了现行货币政策的统一性存在明显的区域差异,这种差异削弱了对区域经济结构调整的作用甚至会出现矛盾,降低了货币政策执行的有效性,其背后是商业银行微观行为的结果。最后,对促进我国区域金融与区域经济的均衡增长提出了相应的措施建议。

本书的结构安排如下:

第1章,绪论。首先介绍本书的研究背景及其理论和现实意义,然后对本书涉及的相关概念进行定义和规范,进而对全书的研究思路、结构安排和主要创新点进行概括。

第2章,区域经济金融发展时空分布与演进的相关研究进展。收集整理当前区域金融学、金融地理学等相关研究领域的主要文献,在对国内外研究成果做归纳总结的基础上,对研究现状进行评述,提出全书的理论基础。

第3章,区域经济增长的时空分布特征与演进规律分析。采用我国 31 个省、直辖市和自治区以及 289 个地级以上城市的面板数据,使用空间探索分析方法和 20 世纪 90 年代最新发展的分布动态方法,通过核密度图描述了中国省区经济增长分布的动态形状,对我国区域经济增长的形状和分布特征随时间的演变规律进行分析探究。对我国区域经济发展进程中的地区差异与空间集聚进行探讨,揭示我国改革开放以来地理集聚因素和空间依赖效应一起对区域经济发展产生的重要影响,以及不同地区之间集聚增长的空间差异及其成因。

第4章,区域金融发展与区域经济收敛。对中国区域金融发展的空间布局和时空演进特征进行描述,然后验证区域经济增长格局与区域金融发展状态间的一致性和因果关系,揭示区域金融空间分布格局与趋势的变动对区域经济空间分布趋势变动的影响。根据经济发展与金融发展的相互作用关系,利用面板数据和空间经济计量模型,从地理空间视角来揭示区域金融发展状态对区域经济分布演进规律的影响,通过将空间计量分析技术与分量回归技术相结合,克服了传统研究只能度量外生变量对内生变量的“平均”影响的局限,对我国区域经济收敛及其金融原因进行了重新审视。

第5章,区域金融发展与经济增长阈效应分析。建立面板数据的阈效应计量分析模型,对区域金融发展与区域经济增长间的阈效应和阈值点进行估计检验,揭示了二者间的非线性关系。发现在经济发展水平较高和处于稳态增长的地区,金融发展促进经济增长,并且区域金融发展水平决定了该地区经济增长速度;在达到经济稳态的过程中,地区金融发展水平通过影响金融发展速度进而决定该地区的经济增长,低经济水平地区的金融水平会对当地经济增长形成阻碍。

第6章,货币政策的区域效应与政策建议。对我国宏观经济调控尤其是货币政策实施的空间影响效果进行分析,揭示空间滞后效应的存在如何影响我国区域金融资源和金融结构的配置布局,对我国金融宏观调控提出政策建议。监管部门应通过加强地区金融机构体系固化区域金融资源,建立综合政策调控机制,或制定差异性货币政策工具,避免商业银行微观行为对货币政策信贷传导渠道的不利影响。政策部门要为区域经济的崛起创造良好的政策环境,建立统一金融市场,促进区域金融组织机构发展,构建区域金融体系,加快区域资本市场建设并完善区域金融生态系统的自我调节功能。通过这些手段的综合运用,促进我国区域金融的协调发展进而带动区域经济趋于均衡。

第7章,结论及展望。对全书进行总结,全面归纳本文的主要结论,并指出需要进一步研究的问题展望。

技术路线见图1-1。

本书的创新性成果主要体现在:

(1)本书与现有研究多集中于省区层面和静态描述不同的是,基于省级和地市级两个空间尺度,从空间和时间两个维度,结合 ESDA 和空间计量经济学方法研究我国区域经济的发展问题,不仅对中国区域经济发展格局的主要特征进行了空间探索分析,并引入20世纪90年代最新发展的分布动态方法,使用当前较为先进的随机核密度估计方法,结合三维图形和等高线图分析,可以弥补马尔可夫转移矩阵计算过程中对人均 GDP 序列任意离散化产生的估计偏差。结果亦表明,中国区域经济水平分布格局的流动性差而持续性强,短期内区域经济增长格局变动不大;但在较长的时期内考察发现,落后省区经济水平与全国平均水平相比,均呈上升趋势,说明随着国家区域经济均衡发展战略的实施,低水平俱乐部的整体发展水平在逐步提高,落后地区的经济发展水平得到发展,大多数地区逐渐接近全国平均水平,表明20世纪90年代末以来我国实施的区域均衡发展战略有助于落后地区脱离"贫困陷阱"。同时还发现中国省区经济增长的分布形态并非如现有研究中争论的那样呈正U形或倒U形曲线,而是经历了缩小—扩大—缩小的过程,表现为"S"形,目前我国各地区之间的区域经济发展差距正在缩小。

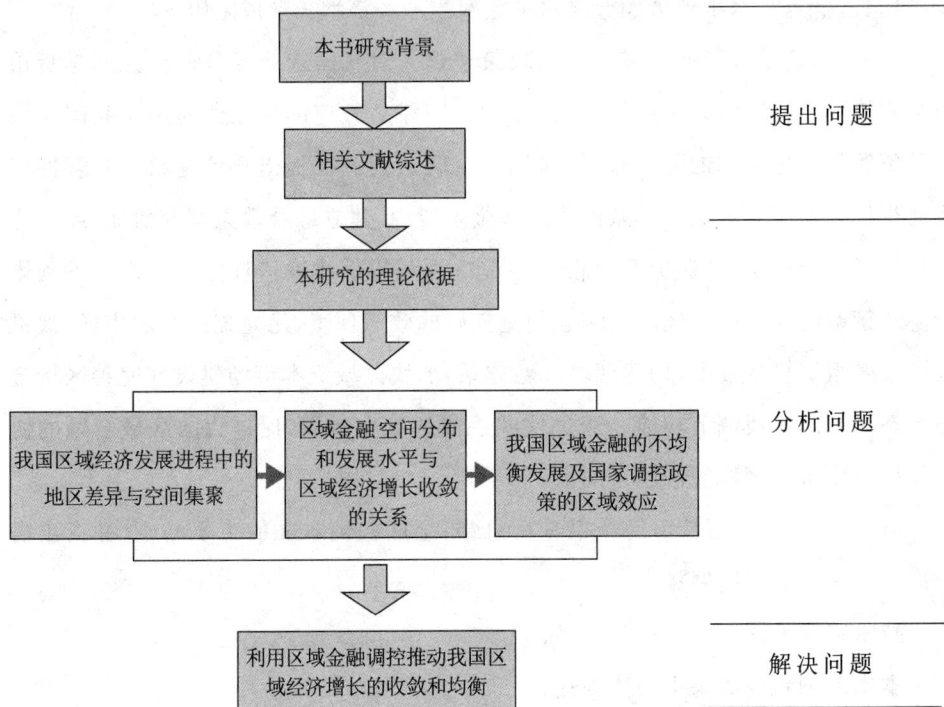

图 1-1 本书的技术路线

进一步在分析框架中明确引入空间因素,运用空间马尔可夫链方法和空间条件的随机核密度估计,考察地理空间效应对中国区域经济增长演进的影响。结果表明,区域经济增长格局分布演进明显受空间因素的影响,近邻效应显著,拥有富裕邻区的地区向较高收入水平演进的概率较大,使得区域经济增长表现出了局部性的空间俱乐部收敛特征。

(2)通过对我国区域间经济增长状态与金融发展状态的交互作用机制的分析发现,区域间经济发展差距与金融发展差距呈现一致的变动关系,且金融差距大于经济差距,据此初步判断,区域金融发展差距变动是我国区际经济差距变动的重要因素。进一步通过 Granger 因果检验表明,三大俱乐部之间对金融资源的吸引和配置强化了三大地区之间的经济差距,而三大地区之间经济差距的拉大也进一步使得金融资源向经济高水平地区聚集,两者互相强化;但在三大经济区内部的省市之间,对于金融资源的吸引力等条件都差不多,因此金融资源分布没有表现出明显的空间倾向,其区域经济与金融的空间分布更受到其他有关因素的影响。

本书进一步将空间计量分析技术与分量回归(Quantile Regression)技术相结合,克服了传统研究只能度量外生变量对内生变量的"平均"影响的局限,有效克服了现有研究中的局限和不足,对我国区域经济收敛及其金融原因进行了重新审视,不仅研究了收敛方程中系数变化对收敛速度和机制的影响,还进一步分析了解释变量分布的变化对区域经济收敛的影响,这比单纯研究区域金融发展对区域经济收敛的平均影响更有政策含义,得出的结论也更有针对性和目的性。结果表明,在 1978～1991 年间,我国区域经济增长的 β 估计值均为负数,在 1992～2002 年为正数,在 2003～2008 年为负数,这与前文发现我国区域经济增长"收敛—发散—收敛"的 S 形增长状态完全一致。在 1978～1991 年间,随着区域经济发展水平由条件分布的低端(低分位数)向高端变化,β 估计值越来越小,表明在此期间我国区域经济发展水平越高的地区,区域经济收敛速度越快;2003～2008 年间,则正好相反,区域经济发展水平越低的地区,经济增长收敛的速度越快,这在一定程度上证明,1978～1991 年间主要是我国发达地区的经济快速增长,而 2003 年以来欠发达地区的经济增速加快,因此 2003 年以来的经济收敛趋势更具均衡意义,这也表明了使用 Quantile 技术较传统 OLS 方法的优越性所在。

(3)国内对区域金融发展与经济增长关系的研究主要集中在两者之间的线性关系方面,而对二者非线性关系的理论和实证研究都相对缺乏,即使有研究者意识到两者之间可能存在非线性的关系,也由于研究者采取的较为主观的数据处理方式,得出的结论说服力也不强。实际上,样本段的划分应该由模型来决定,而并非人为给定。针对现有研究中存在的不足,本书建立了面板数据的阈效应计量分析模型,利用我国 31 个省份在 1978～2008 年期间的数据,对区域金融发展与区域经济增长间的阈效应和阈值点进行估计检验,揭示了二者间的非线性关系。实证分析结果表明,区域金融发展与区域经济增长关系具有显著的阈效应,在经济发展水平较高和处于稳态增长的地区,金融发展促进经济增长,并且区域金融发展水平决定了该地区经济增长速度;在达到经济稳态的过程中,地区金融发展水平通过影响金融发展速度进而决定该地区的经济增长,低经济水平地区的金融水平会对当地经济增长形成阻碍。

(4)由于区域金融发展水平是区域经济收敛的关键影响因素,因此政府可以通过宏观调控手段影响金融资源的区域配置,进而实现通过调控金融来促进经济均衡发展的目标,但是在地区层面上,其执行效果存在很大的区域效应。货币政策实施效果的地区差异必定与我国区域间的地理位置和空间关系有关。与现有的研究相比,一方面,本书的分析视角深入省际区域的角度,相比当前大部分研究简单地从东、中、西部划分经济区域进行分析更为详尽;另一方面,本书从金融地理的视角出发,强调了地理空间效应在区域信贷投放中的作用,弥补了国内相关研究的不足。现行货币政策的统一性存在明显的区域差异,这种差异削弱了对区域经济结构调整的作用,降低了货币政策执行的有效性,其背后是商业银行微观行为的结果。货币政策从中央银行传导至商业银行后,商业银行总行向分支机构传导的过程中,由于货币政策信贷传导渠道的有效性依赖银行体系的稳健与充分的竞争,会导致货币政策信号被误解、扭曲和削弱,影响货币政策的传导效果;同时,商业银行信贷集中的趋势与货币政策传导存在冲突。货币数量控制政策和价格控制政策,对区域信贷投放作用效果不完全一样,甚至可能出现矛盾,从对中长期贷款的影响来看,提高利率会抑制国内中长期贷款增速,而存款准备金政策则具有相反的作用;二者的交替使用并未能起到预期的效果,反而使得货币政策相互抵消、减弱,因此从实际效果看,这些措施的作用受到限制,对此,国家有关部门和银行监管部门必须给予高度重视,应通过加强地区金融机构体系固化区域金融资源,建立综合政策调控机制,或制定差异性货币政策工具,避免商业银行微观行为对货币政策信贷传导渠道的不利影响。

第2章 区域经济金融发展时空分布与演进的相关研究进展

落后地区经济、金融发展能否赶上发达区域是一个非常重要的经济社会问题，一直是公共政策关注的焦点，因此国家或区域层面上的经济、金融增长收敛性问题，也是区域增长理论及其经验研究的一个重点领域。对相关文献进行归纳和梳理，目的在于为本文的研究寻找一个恰当的逻辑起点。本章分别对区域经济增长和区域金融增长空间分布规律以及二者关系的研究进行回顾、比较，归纳出各研究方法的优缺点，并对当前地理空间效应在相关研究中的最新应用进行回顾梳理，指出其主要研究进展和发展趋势，最后在归纳总结现有研究的基础上给出本书的出发点。

2.1 区域经济增长的分布与演进趋势研究进展

国内外学者对区域经济增长分布与演进的研究主要围绕着四条主线展开：一是对区域经济增长差异与收敛基础理论的建构，二是对区域经济增长分布差异格局统计指标的检验，三是对区域经济增长收敛（σ收敛、β收敛、俱乐部收敛）的深入探讨，四是对区域增长差异与收敛成因的扩展研究（截面数据、时间序列、面板数据、马尔可夫链分析等）。总体上，古典经济理论认为经济增长速度与经济增长的起点为负相关，即经济落后区域增长速度更快，因而区域间经济增长的不平衡会随着时间推移逐步收敛。但新增长理论对此提出质疑，认为区域经济增长并不存在收敛性，而是存在"富者愈富、贫者愈贫"的马太效应，即更多表现为发散特征。同时，经验研究中既存在区域经济增长收敛的证据，也存在区域经济增长发散的情况。

2.1.1 区域经济增长收敛的相关研究

1.区域经济增长收敛的相关理论研究进展

Ramsey(1928)最早开始对经济增长收敛的研究[5]，认为对于一个封闭经济体，各地区经济增速可能与经济发展水平负相关，即落后地区增速将高于发达地区，会出现经济收敛。美国经济学家 D. C. North 和 C. Tiebout(1955)的输出理论认为[6]：地区经济增长主要是由其对外部世界需求的反应决定的，外部需求扩大，会带动区域内输出产业和服务业的发展，随着时间的推移，生产将趋于分散于各地，人均产出在区域间收敛。但输出理论只单方面考虑了需求的作用，忽视了供给因素，且只适合解释相对较小区域的经济增长，当区域的空间范围过大时就无能为力。20 世纪 60 年代中期 Solow (1956)、Swan(1956)提出新古典增长理论[7]，从供给方的区域生产能力角度，围绕生产函数和资本积累方程建模，认为由于要素的边际收益递减和规模收益不变，经济的长期增长取决于外生的技术进步，区域经济增长将最终收敛，因此随着时间的推移，区域间人均经济发展差距将会缩小或消失，从而实现增长的均衡，并把这种可能的现象称为经济增长的收敛(convergence)。新古典增长理论对于解释国家或区域间经济增长差异问题提供了强有力的理论依据，并将动态一般均衡分析方法引入增长研究中，提供了一个有力的分析工具，其缜密的分析框架和精致的建模技术为进一步研究提供了基础。此后，国家之间或区域之间的差距及其动态变化趋势，就成为经济增长理论关注的话题之一。

在 20 世纪 80 年代末，经济增长收敛与否成为新古典增长理论与刚出现的新增长理论的重要验证工具，同时由于国家间和区域间可比较的 GDP 数据增多，以及一些新研究方法的出现，使得经济学家对经济增长收敛问题产生了浓厚兴趣，成为主流经济理论和众多经济学家研究的重点。随着对收敛研究的逐步发展深化，学者们逐渐把收敛情况进一步细分为 σ 收敛、β 收敛和俱乐部收敛。其中 σ 收敛与横截面数据相关，是指区域之间相对经济水平分异程度（一般指离差）随着时间的推移不断减小,表现了国家或地区间经济增长整体格局的变化。β收敛与时间序列相关,指区域的经济增长速度与其初始水平负相关,又分为绝对β收敛和条件β收敛。绝对β收敛指各经济体之间表现出具有相同或者相似的稳态,即经济增长仅与初始发展水平有关。条件β收敛指各地区之间由于自然条件、储蓄倾向、技术偏好等不同而不存在共同的稳态,但若加入一些控制变量(如储蓄率、人力资本等)后,初始经济水平与经济增长率之间会出现有条件的负相关关系。俱乐部收敛指一定条件下,具有相同的人力资本、市场开放度等结构特征的经济体之间逐渐走向收敛,而不同俱乐部之间则可能走向分异。

经济增长收敛假说的实证研究在这一时期也得到较快发展。Baumol(1986)收集整理了16个工业化国家1870年至1978年的人均收入数据[8],分析认为,在16个较富裕的工业化国家间显示了非常明显的增长收敛性。但Oelong(1988)在把样本扩展到非工业化国家后分析发现,如果包括了更广泛的样本,则并不存在显著的收敛趋势[9]。Barro和Sala-I-Marti(1991)[10]等对美国以及欧洲等发达国家进行β收敛的实证检验,发现发达国家的确存在着赶超和收敛的趋势,落后区域增长速度确实较发达区域更快,其赶超速度约为年均2%,因此该结论支持了新古典经济增长理论的结论。Mankiw、Rome和Weil(1992)[11]等人利用附加了人力资本的索罗模型也得到与之相近的结论。此外,包括Dowriek(1989)[12]、Cardenas(1995)[13]、Coulombe(2000)[14]等人的分析也都支持了Barro、Mankiw等人的结论。β收敛模型成为此后的许多学者验证各国或区域经济收敛情况的常用手段,并普遍认为不同形式的β收敛对应着不同的政策含义:绝对收敛意味着收入差异自行减少,因此政策的制订者只需关注收敛速度快慢的问题;而条件收敛与区域结构性因素密切相关,包括人力资本、贸易与外国直接投资等,因此要求政策制定者实施恰当的区域政策以改善落后区域的经济基础结构,条件β收敛在大多数实证研究中被证实。

但Friedman(1994)[15]、Quah(1996)[16]、Temple(1999)[17]等对β收敛和σ收敛提出了质疑,他们认为,β收敛检验可能会出现向均值回归的高尔顿谬误(Galton's fallacy),且面临异方差、内生性和测量等诸多问题。Quah(1996)还指出,从收敛的含义来看,重要的是经济体间横截面经济绩效的比较,而非每个经济体与其自身稳定状态的比较,因此 β 收敛研究偏离了经济增长收敛研究的初衷,不应作为检验收敛的方法。Quah(1997)[18]进一步的分析发现,基于截面数据的人均收入分布并非简单的收敛或者趋异,而是表现为"双峰模式",即富裕的地区和贫穷地区各自逐渐走向收敛,两类地区之间却逐渐趋异,处于中间层次的区域不断减少,即出现了"俱乐部收敛"的现象。随后,Alain Desdoigts(1999)[19]证实了 OECD 国家和非 OECD 国家内部收敛俱乐部的存在,并初步探索了这些俱乐部的形成机制。Fabio Canova(2000)[20]运用预测密度方法通过对欧洲和 OECD 国家数据进行检验,证明了人均收入层面上的收敛俱乐部的存在,认为欧洲国家的稳态集群分布于四个各具吸引力特色的"极核"周围,OECD 国家集群则分布于两个"极核"周围。Rodolfo Cermeno(2002)[21]运用马尔可夫转移模型不仅验证了收敛俱乐部的存在,而且发现低增长俱乐部表现出高挥发性和不稳定性特征,而高增长俱乐部却相对稳定。在验证了俱乐部收敛的存在之后,部分学者以不同的视角开始进一步研究俱乐部收敛的成因和机制。Galor 将这种现象归结为微观层面上的劳动要素禀赋的差异[22],Deardorff(2006)则以专业化和国际贸易为背景解释俱乐部收敛存在的原因,另外还有部分学者从战略性资源存在进入门槛、非凸性或收益递增、偏好和技术的相似性、政府政策等方面对俱乐部收敛的成因加以分析[23]。但迄今为止,尚未形成完善的解释俱乐部收敛成因的理论体系。

随着经济计量技术的发展,区域经济增长收敛研究的模型日趋复杂。Islam(1995)[24]运用动态面板数据模型重构检验经济增长收敛的新古典模型,该方法的优势在于考虑了不同经济体之间生产函数的差异,因此在增长回归的过程中可以识别个体效应,他还进一步指出面板数据分析既能保持与新古典增长理论的结论一致,又能解决有关问题,因此建议采用面板数据模型分析此类问题。此后,Bernard 和 Durlauf(1996)[25]以 OECO 各国各产业劳动生产率为对象、Evans(1996)[26]以世界各国劳动生产率为对象,均运用面板数据单位根检验的方法,来进行接近于横断面分析概念的时间序列分析。Bernard 和 Durlauf(1996)、Quah(1996)[27]等也指出,基于回归的经济增长收敛分析,只不过是抓住了收敛的一个侧面,即解释了经济追赶的过程而已。另外一种思路则注重研究在时间序列上区域增长演进变化,如 Quah(1993)[28]建议可以采用马尔可夫链(Markov Chain)方法分析区域经济增长动态变化,并采用该模型对欧洲经济发展进行经验分析,认为世界经济最后会收敛为一个稳定状态,即分化为富国和穷国两大阵营,而中等收入水平这一类国家将慢慢消失。但 Fingleton(1997)[29]认为马尔可夫链方法也存在许多不足,该模型缺乏清晰的理论基础,且忽视了区域之间的相互作用及与之相伴随的"黏性",之后他在新经济地理学和新增长理论基础上,提出了一种动态空间计量经济分析方法,考虑了区域之间的相互作用,用于分析区域生产增长率的动态变化[30]。

2.区域经济增长收敛在中国的验证及进展

1978 年以来,我国分阶段逐步推行的改革开放政策对各区域的影响存在很大差异,不同区域经济增长是否收敛引起了社会各界的广泛关注。当前有关中国区域发展的收敛现象研究多集中在所谓的 β 收敛上,既包括绝对收敛,又包括条件收敛。Chen 和 Fleisher(1996)[31]运用索罗经济增长模型发现,改革开放前,我国区域人均产出呈发散趋势,而 1978～1993 年中国各省份人均 GDP 增长存在着条件收敛,取决于物质资本的分享、就业增长、人力资本投资、外商直接投资和区位条件,收敛速度为 5.7% 左右,而魏后凯(1997)[32]通过计算得出我国区域经济收敛速度为 2%。宋学明(1996)[33]分析认为 1978 年我国各区域人均收入与 1978～1992 年经济增长率呈反向关系,即使把 1978 年工业生产总值中国有产值占比超过 60% 的省份与其他省份分离以后,增长收敛假说仍然适用。Jian、Sachs 和 Warner(1996)[34]认为,改革开放后中国区域经济增长出现了明显的收敛,且收敛性在国际贸易和资本流动自由化发展快的沿海区域尤为显著。Raiser(1998)[35]认为中国经济增长在 1978～1992 年间存在收敛,其中 1984～1989 年存在弱收敛,但 1985～1992 年收敛不太显著。张胜、郭军、陈金贤(2001)[36]认为我国改革开放前存在绝对收敛,而改革开放后不存在绝对收敛,绝对收敛模型在经济增长条件同质的区域具有较强的预测力。但 Dmurger(2001)[37]在标准的巴罗模型框架下使用 1985～1999 年我国 24 个省的面板数据,检验索罗模型在不同条件下稳态均衡的条件收敛变量,发现省域之间不存在绝对收敛,但可能存在条件收敛。罗仁福、李小建和覃成林(2002)[38]分析了我国 1978～1999 年各省区经济的收敛问题,指出各区域之间条件收敛的速度大约为 4.5%,东部地区经济增长的收敛大部分已达到或接近其稳定状态,而西部区域则多在稳定状态附近波动。Weeks 和 Yao(2003)[39]采用面板数据方法,使用中国 1953～1978 年和 1979～1997 年省级劳动力和资本的数据,在新古典增长 MRW 模型框架下进行 OLS 和 GMM(广义矩方法)估计,发现中国经济增长在 1953～1978 年和 1979～1997 年两个时期均存在条件收敛趋势,在改革开放前后分别以 0.4% 和 3% 的速度收敛。另外一些学者的研究却表明中国经济不存在收敛趋势。Zongyi Zhang(2001)[40]采用真实人均 GDP 指标分析 1952～1997 年间中国区域差距的收敛性问题,结果表明中国区域差距在扩大,而不会收敛。林毅夫等人(1998)[41]的研究也指出我国改革开放以来区域差异不仅存在,而且有继续扩大的趋势,王绍光和胡鞍钢(1999)[42]的研究得出了相类似的结论。王志刚(2004)[43]得出了与 MRW 基本一致的研究结论,但收敛速度测算结果仅为 0.053%,按此速度中国经济达到其长期均衡状态大约需要 310 年,因此他对中国经济增长的条件收敛性提出了质疑,在指出截面数据分析的弊端后,面板数据研究表明中国经济总的来说不存在条件收敛,区域间差异在不断扩大,但不排除区域内部的条件收敛性。

还有部分学者从东、中、西部等区域层面对中国区域经济增长中的俱乐部收敛进行了分析研究。蔡昉等(2000)[44]研究认为中国改革以来,区域经济发展中不存在普遍收敛现象,但形成了东部、中部和西部区域三个收敛俱乐部。Zhang、Liu 和 Yao(2001)[40]利用基尼系数、区域之间的人均收入比率、变异系数等研究中国 1952～1997 年区域人均 GDP 收敛性发现,中国东部和西部已经收敛于其特定的稳态,但中部地区是加入贫穷俱乐部还是形成自己特有的俱乐部尚待检验,中国正在重新形成不同的收敛俱乐部。王铮和葛昭攀(2002)[45]依据新经济增长理论分析发现,中国东中西经济发展分别收敛于不同的均衡点,目前整体上已开始出现转向经济收敛、同步发展的关键时期,但能否收敛与下一步的区域投资政策有关。周玉翠等(2002)[46]以人均 GDP 为测度指标,定量研究了 20 世纪 90 年代以来中国省际经济差异的动态变化特征,结果表明省际差异明显增大,沿海与内陆的差异扩大,而沿海各省市之间差异有缩小的趋势;表明中国并没有出现整体收敛,而是在某种程度上出现了各大区域"俱乐部收敛"情况。但刘夏明、魏英琪和李国平(2004)[47]在对我国区域经济增长差异与收敛相关研究的总结中认为,中国地区经济的总体差距主要来自沿海和内陆地区的差距,在各地区内部不存在所谓的俱乐部收敛。

2.1.2 区域经济增长差异的相关研究进展

1.区域经济增长差异的相关研究进展

虽然在新古典框架内经济增长收敛在一定程度上得到证实,但新古典增长理论和区域经济增长收敛假说不断遭到后续研究的质疑,同时有的经验分析也表明,第二次世界大战后工业化国家与发展中国家的经济差距日益扩大,多数发展中国家持续的贫困,因此并不符合新古典增长模型的预测。以 Romer(1986)[48]和 Lucas(1988)[49]为代表的新增长理论认为经济增长将会趋异。他们认为,经济长期增长的最终源泉,在于通过不变或递增的规模收益以及溢出效应所形成的物质资本、人力资本、知识资本的内生累积,拥有上述资本较多区域的增长速度会快于所拥有的资本相对较少的区域,于是区域差距不仅存在而且还会拉大。

20世纪90年代以来,对区域差异及增长收敛的研究进入了一个新的阶段。在理论分析方面,经济学者们开始使用新理论的角度进行规范分析。有关区域增长差距的理论学说有许多种。分别是扩散效应理论(trick-down approach)、累积性因果循环理论(cumulative causation model)和内生经济增长理论(endogenous growth theory)。在这三种理论学说中,前两种学说强调需求因素,而后一种则强调经济的供给因素[50]。

扩散效应理论认为,资金首先会大量投放在经济体的一个特定区域,一旦这些区域发展起来之后,其对于另外的区域商品和服务的需求会增加,从而产生从该区域到其他区域的技术知识扩散,最终其他区域会通过这种扩散效应或溢出效应而受益。一旦先进区域的生产成本上升到其他区域能有效与其竞争的时候,区域差距将被矫正[51],因此区域增长差距在短期内存在,但在长期将消失。该理论支持优先发展特定区域的发展战略。但不足之处是区域间存在回波效应的可能,即在优先发展区域的经济发展之后,其他区域的资源还会源源不断地流向该区域,而这正是累积因果模型的理论核心之一。

缪尔达尔提出了累积因果关系理论,卡尔多、迪克逊和瑟尔沃尔等进一步深化和完善了相关理论。他们认识到溢出效应和回波效应的同时存在,但强调后者通常比前者更大,原因在于在一个动态的社会经济发展过程中,各种因素互相影响、互为因果,因果效应会累积循环,从而强化最初的因素并导致经济发展过程沿着初始方向发展。累积因果关系理论分析了自发的市场力量使区域差距不断扩大的机制,解释了区域经济长期的增长差距,但由于其缺乏严密的理论体系,难以进行实际验证,未能系统地论证扩散效应与回波效应的相互作用,过分强调不发达区域的不利地位和被动地位,忽视其潜在的发展优势与力量,从而使结论的说服力受到影响[52]。

上述理论得出了区域经济增长趋异的结论,最初是作为新古典理论的对立面发展形成的,但由于缺乏系统的模型表述,更没有触及新古典的核心,所以对新古典的批评没有引起太多反响。内生增长理论从一般均衡出发,修改了新古典增长模型的一些假定,把技术进步和创新内生化,强调知识溢出是经济增长的引擎,得出了区域增长趋异的预测,且得到了许多经验事实的支持,为理解国家和区域经济增长过程提供了一个较好的范式。同时,它认识到政府对长期增长率的影响,为政府介入国家和区域经济增长提供了理论依据。

在实证上,20世纪六七十年代各国学者主要以统计指标为基础,分析不同国家内区域发展差异的大小及其变动趋势。80年代以后,随着官方统计数据的大量公布和计算机技术的迅速发展,学术界开始逐步走向计量化,运用新方法对区域差异的构成与来源进行分解,以揭示引起区域差异变动的一些主要因素。在研究中主要采用的指标包括:对基尼系数进行分解来分析区域之间的增长与收入差异,用加权变异系数来对区域差异的产业或部门构成进行分解,用泰尔(Theil)指数和广义墒指数方法对区域差异的地理构成进行分解,等等。

2.国际学术界对中国区域经济增长差异的验证及进展

总体上讲,各国对区域经济差距问题的关注程度是不相同的,这与国家地理范围以及区域差距的程度等因素有关。中国人口众多、地域辽阔、资源分布不均衡、市场和技术差异较大,不同区域的经济禀赋和增长起点各不相同,受自然条件和社会经济条件等诸多因素的影响,区域经济发展不平衡是一个长期存在的现象,即东部区域相对发达,西部区域欠发达。改革开放以来,中国经济取得了长足的发展,然而东西部区域之间的差异依然很大,基于此,利用收敛或发散理论来研究中国的区域经济增长问题,更具有迫切性和重大的现实意义。因此国内外学术界都对中国区域经济增长的差异表现出浓厚的研究兴趣。

20世纪70年代以来,越来越多的外国学者开始关注并研究中国区域经济的差异问题。Nicholas Lardy(1978)研究了改革开放以前中国乡村与城市、农业与工业、内陆与沿海之间的产出与收入差距,由于数据和信息有限,他认为中国各区域收入差距未出现扩大趋势[53]。20世纪80年代以后,随着中国官方数据的大量公布和新兴研究方法的采用,国外一些学者对改革开放以后的中国区域经济的发展差异进行了持续的研究。Lippit、Victor D. (1987)研究认为中国各省区之间的相对收入差异明显地缩小,比起其他欠发达国家,中国取得了明显的进步[54]。Riskin的研究也表明,改革开放以前中国各省间的相对差异缩小,与其他欠发达国家相比,区域经济发展更为均衡[55]。与之相反,Friedman(1987)[56]和Selden(1988)[57]却认为,改革开放以前中国区域发展差异在扩大;Aguignier(1988)[58]和Yang(1990)[59]对中国区域发展战略模式及其演变原因进行了分析,认为中国实施的不平衡发展政策加大了东西部的发展差异。

20世纪90年代以后,研究者们开始采用一些新的方法,对中国区域差异的构成与来源在更深层次上进行了分析。Lyons(1991)首次使用了中国国家统计局公布的数据,分析了1952～1987年期间中国各个区域人均净产值差异的变化情况,发现在1956～1976年时期相对差异扩大,但在1978～1987年间区域增长差异在缩小[60]。Tsui、KaiYuen(1991)采用人均国民收入指标进行分析,发现中国区域差异在1970年前较小,1970年之后,尽管存在着强有力的财政转移机制,但区域间发展差距反而有所扩大[61],他随后又进一步利用县级数据,把中国区域差距分解为省内差异、省际差异、农村内部差异、城市内部差异和城乡差距,发现中国的城乡差距对区域间产值差异的影响十分显著[62]。Tianlun Jian使用较长的时间序列,研究发现在1952～1965期间,中国各省份的真实收入没有表现出较强的收敛或发散趋势,"文化大革命"期间区域差异趋于扩大,1978年后区域收入差距趋于平衡,从1990年开始,尽管沿海省份继续趋于收敛,但沿海省份发展速度大大超过内陆,因此区域收入差异又开始发散[63]。Scott Rozelle(1994)利用基尼系数分解发现1984～1989年期间中国东部沿海省际差异急剧扩大,其原因在于农村工业化的发

展不平衡[64]。Long Gen Ying 利用人均 GDP 指标,对泰尔指数分解后发现 1978
～1994 年期间中国区域发展差异的变化过程呈现"U"形曲线,1990 年以前沿海与
内陆差异减小,1990 年之后差异扩大[65]。Masahisa Fujita 和 Dapeng Hu(2001)用
GDP 和工业总产值对泰尔指数分解发现沿海与内地之间的差异扩大,区域之间没
有显示出绝对 β 收敛的迹象,虽然沿海区域差异缩小,但是工业仍然向沿海集中,
并从区域发展政策、全球化和经济自由化等方面揭示了差异变化的原因[66]。Kim
的研究表明,改革开放以来沿海区域农业、工业、建筑业和交通业的差异对中国区
域经济总体差异的贡献要明显地大于内陆地区[67]。Batisse(2002)运用中国 1988
～1994 年 29 个省域的 30 个产业部门的面板数据增长模型,研究了区域专业化、产
业多样化及竞争的动态外部性是否对样本期间的省域的产业产生影响,认为动态
外部性是区域经济增长差异的主因[68]。Ravi Kanbur 和 Xiaobo Zhang 对基尼系
数和泰尔系数进行分解,发现在 1983～1995 年期间,农村与城市之间的差异大于
沿海与内陆之间的差异[69]。上述学者大部分研究表明,中国区域经济增长存在一
定差异,其中工业与农业差异、城市与农村差异、东部和中西部差异或沿海与内陆
差异是中国区域经济增长差异的主要表现。

3. 国内学者对中国经济增长差异的检验及进展

在国内,许多学者也利用各种统计指标对我国区域间经济差异程度进行了较
为精确的测算,但研究结果存在较多分歧。杨开忠(1994)利用人均国民收入的变
异系数和加权变异系数指标分析认为,以 1978 年为转折,改革开放之后中国的区
域差距在逐渐拉大[70]。袁钢明(1996)计算了 1978～1994 年人均 GDP 的变异系数
和加权变异系数,发现除了 1983 年有短暂的下降外,总体上呈扩大之势[71]。魏
后凯和刘楷(1997)认为 1978～1992 年间我国三大地带的经济实力都有所提高,但
中西部的发展程度明显滞后,与东部的差异在不断扩大,并且这种趋势仍将持
续[72]。林毅夫(1998)[41]、王绍光等(1999)[42]也指出我国改革开放以来区域差异
不仅存在,而且有继续扩大的趋势。沈坤荣、耿强(2001)[73]使用我国 1987～1998
年间的数据构建了内生增长模型,结果表明我国区域经济呈扩散态势,FDI 在区域
间的不平衡分布是区域间不平衡发展的重要因素。罗守贵、高汝熹(2005)[74]运用
省区人均 GDP、城镇居民人均可支配收入和农村居民人均纯收入数据计算了我国

三大区域1978～2003年的基尼系数,发现我国区域经济差异很大并且呈不断上升的趋势,但杨伟民(1992)[75]、李二玲、覃成林(2002)[76]的研究结论却得出了相反的结论。如杨伟民发现1989年洛仑兹曲线与对角斜线之间的面积要小于1978年洛仑兹曲线与对角线相间的面积,因而据此推论说,改革开放以来我国的区域差距不是扩大而是缩小;李二玲、谭成林(2002)利用1978～2000年的人均GDP数据计算了我国各省份间的加权变异系数,发现改革开放以来,中国南北区域之间的经济相对差异基本呈缩小趋势,1993年以后南北区域之间的经济增长速度呈现出趋同。

与之相对应的是,多数研究者认为改革开放后中国区域经济差距的演变并不是单调的,认为我国区域经济增长差异存在先缩小后扩大的"U"形曲线。如宋德勇(1998)[77]从收入水平的角度,采用泰尔系数分解方法发现全国区域差距水平呈"U"形,且在1990年出现拐点。刘强(2001)[78]也认为我国区域经济增长的收敛性存在着明显的阶段性和区域性,不同区域间的产出差异与宏观经济波动状态存在着正相关关系。林毅夫、刘培林(2003)[79]利用我国各省的人均GDP和劳均GDP计算了1978～1999年东、中、西部区域的基尼系数,认为各区域间经济差距呈现先减少后增加的"U"形趋势,基尼系数曲线的拐点出现在1990年。贺灿飞、梁进社(2004)[80]对泰尔系数进行了多层次分解,并测度了1952～2002年中国东、中、西部区域以及区域内部各省份间的经济差距,实证结果显示区域间的经济差距呈现上升趋势,东、西部区域内部各省份间的经济差距较大,而中部区域内部各省份间的经济差距较小,全国各省份间的经济差距从1978年以来呈先减小后扩大的"U"形变化趋势。徐建华等(2005)[81]运用多阶段Theil系数嵌套分解法和小波分析法,认为在省级层面上,东部省与省之间差异的变化趋势和全国的变化趋势基本是一致的,但是三大地带之间差异一直在增大;在地级层面上,省内差异是全国整体差异的重要构成部分。中国区域经济差异的变化过程,在大时间尺度(譬如24年)水平上,基本上服从倒"U"形曲线规律,但是在小时间尺度(譬如23年或22年)水平上来看,则呈现为一条由几个倒"U"与"U"形曲线首尾相接的复合倒"U"形曲线。段平忠、刘传江(2005)[82]利用我国各省区的人均GDP数据计算了1978～2003年各省的基尼系数和泰尔系数,计算结果显示,改革开放以来我国区域经济增长在1990年以前呈现收敛趋势,而在1990年之后呈发散趋势;且利用基尼系数度量的区域间经济差距要大于利用泰尔系数度量的区域经济差异。石磊、高帆(2006)[83]采用多个统计指标分析发现人均 GDP 基尼系数、劳均 GDP 基尼系数和人均 GDP 变异系数具有很强的一致性,均显示出我国区域经济差距呈现出先减后增的"U"形变化轨迹,拐点亦出现在 1990 年;但利用变异系数度量的区域差距要显著大于利用基尼系数度量的区域差异。

相关的进一步研究还发现,俱乐部之间的差异成为我国区域经济增长差异的主因,并呈不断扩大的趋势,如蔡昉和都阳(2000)把全国总体差异分解为三大地带内和三大地带之间的差异,结果表明在 1978～1999 年间,东部区域内部差异对总体差异的贡献很大,但呈下降趋势;中部区域内部差异对总体差异的贡献很小,也呈下降趋势;西部区域内部差异对总体差异的贡献微不足道,且呈相同的下降趋势;东中西部之间的差异对总体差异的贡献非常大,趋势明显提高[44]。

部分学者对我国区域经济增长差异的原因进行了分析:陈国阶(1997)认为我国东中西部经济发展差异的形成和扩展是历史、自然、社会等综合因素长期演化的结果,并且现代世界区域经济发展不平衡仍然影响着我国东中西部经济梯度的扩大[84]。魏后凯和刘楷(1997)认为东西差距的扩大是地理区位的影响、资金投入的增长、产业结构效应、投入产出效果因素、区域发展战略的取向和政府政策的作用等多方面因素综合作用的结果[72]。周民良(2000)认为我国非国有制经济发育程度、经济结构、投资规模、区域优惠政策、区位和经济效益的不同是造成区域差异扩大的主要动因,并分析了其负面效应,提出了缩小区域差异的区域政策建议[85]。马拴友、于红霞(2003)发现,在不考虑转移支付因素时,1995～2000 年我国区域经济不存在收敛,区域差距以 1.2%～2.1%的速度扩大;在加入转移支付变量时,转移支付不但没有促进区域经济收敛,反而扩大了区域差距,使区域经济以 1.8%和2.3%的速度发散,转移支付未能取得缩小区域差距的效果[86]。

2.1.3　区域经济增长的空间效应研究

1.区域经济增长收敛与发散的空间效应理论与实证研究进展

在传统的区域经济增长收敛与发散的研究中,如 β 收敛和 σ 收敛检验将区域视为"孤岛(Isolated Islands)"[87],认为各个区域的增长不受其空间位置或与其他区域的空间联系的影响[88]。虽然理论上预期推进收敛的机制,如外部性、技术扩散、要素流动[89]、转移支付[90]等,具有明显的地理成分[91],但在使用国家或区域的截面数据或面板数据的收敛性经验研究中,空间效应的作用在很大程度上被忽视了[92]。事实上,在区域经济增长收敛与发散的分析中,空间效应尤其是空间相关性是不能被忽略的。很多因素,如区域间的资金、劳动力等要素流动、商品流通、信息交流以及更广义的区域外溢,会导致区域之间在地理上相互影响。Tobler(1979)提出的地理第一定理认为,事物都是彼此联系的,而且与较近事物的联系程度会比较远事物的联系程度更加紧密[93]。因此要科学地揭示区域经济联系和演进过程,必须充分利用数据的空间特性,在空间关系的统计基础上进行相关分析。克鲁格曼的新经济地理学利用收益递增-不完全竞争模型的建模技巧,对空间经济结构与变化过程重新进行了分析,尤其是解决了收益递增与竞争性一般均衡不相容的问题,使空间因素走入了主流经济的分析框架中,为研究区域经济增长提供了新视角和新方法[94]。学者们开始尝试在空间经济视角下,以空间相关为切入点检验区域经济增长中空间效应的存在,并探索区位、空间临近、技术外溢等因素在区域经济收敛或发散中的作用[95]。

空间经济学的发展及新经济地理学的崛起,使得学者们能够在理论上对一些传统假定(均值性、规模报酬不变、无运输成本等)进行重新审视[96],并使用空间统计和空间计量经济学方法对经典统计和计量经济模型进行修正。其中空间统计的核心就是认识与地理位置相关的数据间的空间依赖、空间关联或空间自相关。国外的学者如 Cliff、Ord J. K.、Griffiho A.、Getis A.、Goodehild M. F.、Anselin L.、Moore 等先后对空间统计的一些基本理论做了广泛而深入的探讨,形成了比较成熟的探索性空间数据分析技术(ESDA)。其中 Cliff 和 Ord(1973)[97]基于 Moran(1948)[98]和 Whittle(1954)等人对空间自回归模型做出开拓性工作,突破性地描述了空间自相关,建立了空间经济计量模型、参数估计和检验技术,使得后续的研究者们能从统计学意义上来检验空间单元之间的联系,发展出广泛的模型、参数估计和检验技术,从而使经济计量学建模中综合空间因素变得更加有效。荷兰经济学家 Paelinck 引用"空间计量经济"(spatial econometrics)一词来指处理区域和跨区域模型中涉及空间自相关估计的应用计量方法研究[99]。Anselin(1988)对空间经济计量学进行了系统的研究,扩展了空间计量经济的含义,他把空间经济计量学定义为"在区域科学模型的统计分析中,研究由空间引起的各种特性的一系列方法",明确将区域、位置及空间交互影响综合在模型中,并且它们的估计及确定也是基于参照地理的(即截面的或时空的)数据,数据可能来自于空间上的点,也可能是来自于某个区域,前者对应于经纬坐标,后者对应于区域之间的相对位置[100]。Haining(1989)[101]和Cressie(1993)[102]对空间统计和空间经济计量的研究做了进一步深入和完善。

在经济增长中将地理空间因素纳入经验分析框架体系也只是近年来的事情[103],尚有许多工作要做[104]。Rey、Montouri(1999)[91]在收敛模型中加入空间相邻权重矩阵,从空间计量经济学的角度采用横截面数据研究在相邻区域相互作用的条件下美国经济收敛的状况,认为空间溢出效应促进了美国经济增长的收敛,区域间资金、劳动力的流动、商品流通、技术扩散等使得相邻区域间的经济增长互相联系。Andrada等人通过对美国南部新英格兰的559个镇1980～1990年的数据分析,得出了经济增长中的空间收敛俱乐部和空间集群模式,并初步探索了空间相关在收敛中的作用[105]。Maurseth(2001)利用空间回归分析法介绍了欧洲经济的收敛性,同时凸显了地理因素的作用[106]。Julian Ramajo等利用欧盟国家的100多个区域样本,证明了空间收敛俱乐部的存在[107]。

20世纪90年代,Quah首次采用非参数估计方法的分布动态法(Model of Explicit Distribution Dynamics,MEDD)研究区域经济发展差距问题,从人均收入分布形状和人均收入内部分布的流动性两个方面评估区域经济增长分布的演进,他通过估计连续年份的区域收入分布密度曲线和马尔可夫转移概率矩阵,分析收入分布动态演进的重要特征,包括稳态分布、分布中状态转移的速度以及收敛和极化的趋势等[27]。Rey(2001)将经济增长的空间自相关特点和马尔可夫链分析方法相结合,把马尔可夫链与新发展起来的局部空间统计方法结合起来,提出了空间马尔可夫链(Spatial Markov Chains)分析方法,考察区域经济的相互影响及空间溢出条件下区域经济分布的动态趋势,并应用于美国各州的收入分布演进,结果表明各州向上或向下转移的概率对于相对区位非常敏感[108]。Le Gallo和Ertur Cem(2003)运用与之类似的方法,分析了1980～1995年138个欧洲地区相对人均GDP

差距的时空演化,发现欧洲的人均GDP在空间分布上存在着全局和局部空间自相关,地理因素在收敛过程中非常重要,不同俱乐部收敛区域之间的经济差异持续存在[109]。Neven 和 Gouyette(1995)[110]、López-Bazo(1999)[111]、Fingleton(1999)[30]、Magrini(1999)[112]、Cheshire 和 Magrini(2000)[113]等各自使用不同的空间分析方法进行了大量的相关研究,这些研究尽管使用方法不尽相同,如截面数据的核密度估计、马尔可夫链检验、空间相关分析等[114],但结论大致相似:一方面证明了俱乐部收敛存在的结论,另一方面均发现俱乐部内部逐渐走向收敛,而不同俱乐部之间却不断走向分异。

总体上讲,采用空间统计和空间经济计量模型考虑了相邻区域的相互作用对经济增长差距变化趋势的影响,模型具有更强的解释力。但对收敛估计的空间经济模型几乎都限制在横截面数据的分析,通过对样本考察期始末两年的人均收入或产出计算平均经济增长率,其收敛结果具有很大的随机性和偶然性[115];且横截面数据分析方法忽略了各个主体的差异,也没有考虑时间因素。面板数据结合了横截面和时间序列的优点,既考虑了个体差异和时间因素[116],又避免了解释变量的遗漏问题,故采用面板数据将更能准确反映区域经济增长的收敛趋势[117]。然而,由于空间经济计量模型最大似然估计的渐近性取决于空间权重矩阵的特点,空间面板数据模型的估计更为复杂,许多从事空间经济计量研究的学者都在此方面不断努力,成为当前国际上相关研究的前沿和焦点[118]。

2. 中国区域经济增长中的空间效应研究进展

近年来国内的空间统计分析应用研究开始起步。如朱传耿和顾朝林等(2001)[119]运用GIS技术空间相关分析的综合集成方法,利用 Moran I 指数对全国流动人口进行全局空间相关性分析,发现中国流动人口并非随机分布,而是具有显著的空间相关性。陈斐和郭朝辉(2002)[120]对度量空间自相关、空间关联的一些空间统计分析方法以及识别区域空间关联的标准进行介绍和探讨。吕安民等(2002)[121]用空间统计分析方法分析了 1982~1990 年和 1990~1998 年两个时期人口增长率的空间关联关系。刘德钦、刘宇和薛新玉(2002)[122]用空间相关方法对人口分布的现象进行分析,揭示了其空间地理分布的内在联系。刘旭华和王劲峰(2002)[123]则分析了空间权重矩阵的不同生成方法,提供了进行空间分析基础条件的计算机实现技术。

空间统计技术和空间计量方法应用于中国经济增长收敛和差异研究方面,Long Genying 进行了开拓性的工作,他应用成熟的 ESDA 技术,从核心—边缘的角度来证明中国 1978～1994 年省域空间经济的扩散效应的存在,发现中国大陆沿海与内陆省域之间增长存在非均衡经济溢出效应[65];之后他在 Anselin 的空间滞后模型基础上进行了截面分析,发现中国省域的 GDP 增长率与其相邻区域具有一定的空间相关性,以往的研究由于忽视空间因素可能存在不恰当的模型设定问题[124]。Kim、Kna 运用空间分布的熵系数方法分析了 1952～1985 年期间中国经济行为的空间分布情况,结果发现产业经济行为呈集中化趋势,中央政府的区域均衡增长政策效果有限[67]。Demurger 等(2002)[125]选取人口比例、初始国内生产总值等因素对区域经济发展的贡献进行了计量检验发现,地理和政策要素对沿海区域经济发展同样重要。Bao、Chang、Sachs 和 Woo(2002)[126]研究了地理要素对改革开放后的中国区域发展的影响后认为,地理因素是中国区域差异的主要解释变量,沿海区域的空间优势吸引了大量的外商直接投资流入,进而造成了经济增长的区域差异。林光平等(2005)[127]借鉴 Rey(1999)的研究思路,分别采用二元权重矩阵和经济空间权重矩阵对空间滞后模型研究中国 28 个省市 1978～2002 年人均GDP 的 β 收敛情况,结果表明,中国区域间经济存在收敛性,但是 β 的估计值表现出增大的趋势。

采用分布动态分析法对中国区域经济增长分布的研究还很少,特别是综合使用核密度分布和马尔可夫链等多技术全面分析区域增长的研究更为少见。Aziz 和Duenwald(2001)[128]采用随机核估计法研究 1978～1997 年中国 28 个省区人均收入的动态分布情况,结果显示,省区的相对人均收入分布呈"双峰状"。徐现祥、舒元(2004)[129]以劳均 GDP 为考察对象,采用高斯核密度法,发现从 20 世纪 80 年代到 90 年代中国省区增长分布由"单峰状"变为"双峰状",沿海、内地各自的收入差距逐步缩小,而沿海、内地间的差距不断拉大。蒲英霞等(2005)[130]采用空间马尔可夫链方法研究 1978～2000 年江苏省 77 个县域经济增长的收敛趋势,证实了改革开放以来江苏省"俱乐部收敛"的存在,区域人均 GDP 类型转移显著受到地理背景的制约。周卫峰(2005)[131]运用密度函数法考察了中国全部省份的收入分布演变,认为 1978～2002 年人均 GDP 呈单峰分布的总体态势基本不变,但在峰值上有所下降。王争等(2006)[132] 使用高斯核密度图来考察对数劳均 GDP 的变化过程,发现 1978 年基本是呈单峰状分布,次高峰尚处于萌芽状态;80 年代中期以后,次高峰开始凸现,两峰分离逐渐加剧;90 年代中期以来,尤其是 2000 年,两峰的"海拔"差距已经十分显著,这说明有更多的省份在向具有相对较低收入水平的左峰靠拢。李国平、陈晓玲(2007)[133] 采用分布动态方法,从省区经济增长空间分布的形状和流动性两方面考察 1978～2004 年中国省区经济增长空间分布的动态演进,发现中国省区经济增长的空间分布形态经历多极化—收敛—双峰状的变化过程,省区内部的经济发展差距由扩大到再次缩小,俱乐部间的发展差距由缩小到再次扩大,空间相互作用影响着省区经济增长未来的空间分布,地理位置临近所产生的空间溢出效应促使了相似经济水平区域的空间聚集。

2.2　区域经济增长与区域金融发展关系的研究进展

金融运行的区域特征是现代市场经济条件下大国经济的客观现象。大国经济的发展在空间结构上往往表现出明显的区域性,而现代经济中金融体系的运行和发展直接反映出经济运行的区域性特征,因而其自身也呈现明显的区域特性。20世纪 90 年代以来,区域金融中心的兴起带动了区域金融领域的相关研究,并已广泛而较深入地涉及货币政策和公开市场操作的区域效应、区域货币乘数、区域间金融流、区域金融市场、区域经济增长与金融发展等许多方面,金融地理学等先进研究理念和前沿研究方法也日益得到发展和应用[134]。

2.2.1　金融地理学的相关研究进展

长期以来"金融的非实体性"理念使得金融地理并未成为学者们重点关注和研究的领域,但即使在电子通讯时代,距离摩擦和非均质性地理分布仍然存在,金融与地理的相关性被越来越多的研究所证实。金融地理学在新经济地理学基础上发展而来,作为近年来兴起的一门边缘学科,提供了研究金融问题的全新视角和方法论,其核心在于将地理要素纳入金融学的研究之中,并由此衍生出与之相关的实证研究、货币地理学、金融流动和金融中心的研究等[135]，具体涉及区域金融空间系统的发展演化研究[136]、金融地理的路径依赖[137]、地方金融系统与区域经济发展[138]、金融企业地理、金融中心演化[139]、金融地理学与虚拟地理环境的有机结合等诸多方面，其中有关区域金融中心的形成和演变的研究成果尤为丰富。

20 世纪 90 年代有部分经济学家提出，IT 技术的发展使得地理因素已经不重要[140]，全球化的力量已经超越了国家主权和范围，因此一个国家范围内的经济空间失去意义[141]。Engwall、Lars(2001)[142]等对此提出反驳，认为地理仍然重要，并对国际银行中心的形成做了分析。Porteous(1995)[143]通过路径依赖、"不对称信息"理论和"信息腹地论"等系列强而有力的理论工具说明和解释了区域金融中心的发展。Zhao(2002)[144]认为，金融部门需要接近并了解信息源，因此金融不可能完全摆脱地理因素的束缚。Portes(2001)[145]等人则基于不对称信息角度提出，正是信息的不对称导致了资产交易与距离存在很强的反向关系。Kaufman(2001)[146]进一步指出，金融中心城市或地区的兴起与衰落，在一定程度上与这些地方作为主要商贸中心、交通枢纽、首都和中央银行总部所在地点的地位变迁以及战争的影响有关，他同时认为随着 IT 技术的发展，国际金融中心作为一个物理空间的内容将会减少。Sangyong Joo(2005)[147]对全世界 106 个国家范围内的 18 个国际金融中心的形成进行统计分析，认为监管环境、物质和人力资源是金融中心形成的最重要因素，而收入和贸易则解释力相对较弱。整体来看，国际金融中心的形成因素还未形成一致的理论解释，目前学者们多关注于金融中心形成的必要条件，而非充分条件，这些研究是对金融中心形成后经验的总结，尚不能作为行动的指南。

对地理因素的关注始终是金融地理学研究的重要组成部分，在其他相关研究中，近 20 多年来，众多学者对金融系统的空间结构、国际银行业中心与空间经济、区域金融系统与产业发展、金融空间组织变化等众多的金融地理问题进行了深入分析[148]。Leyshon 和 Thrift(1997)[149]以及 Martin(1998)[150]对货币如何将远距离的地区联系在一起、如何流动等问题做了深入的分析。Gehrig(2000)[151]利用市场摩擦理论和实证分析，讨论了离心力和向心力如何影响金融活动在地理上的聚集趋势与分散趋势，指出规模经济、信息溢出效应、市场的流动性等构成了有利于金融中心产生的向心因素,而投资环境不完善、市场进入成本、政治干涉以及地方保护等往往造成金融业进入的壁垒,这些是不利于金融中心形成的离心因素。Clark(2000)[136]从投资管理业的作用和空间结构出发,论证了金融机构和金融产品都有其特殊的历史和地理条件。还有很多学者从信息以及交易成本的角度来讨论金融的空间流动。如Portes和Rey(2001)[145]主要从信息地理学的角度探讨了股权资本跨界流动的决定因素。Clark和Wojcik(2003)[152]对德国的资本市场进行了实证分析,认为欧洲一体化水平及资本市场有效性低,投资者需要接近信息源,而且国家边界和区域边界对市场透明度及有效性至关重要。

与国际上十分活跃的状况相比,国内有关金融地理学方面的研究成果较为有限。有部分学者提出了金融地理研究的重要性,并开始介绍国际相关理论进展,在结合中国实际对区域金融中心的形成、银行业空间系统变化等方面开展了有益的探索。赵晓斌(2002)[153]以中国为例讨论了影响现代金融中心发展的决定因素,运用金融地理学最新成果,从"不对称信息"和"信息腹地"理论出发,提出了北京将取代上海,与香港共同构筑信息走廊,并最有可能成为中国的金融中心。潘英丽(2003)[154]探讨了金融中心的聚集效应和外部规模经济效应,并分析了金融机构选址决策的重要决定因素,地方政府应在成本优势、人力资源、电信设施以及监管环境与税收制度方面创造有利于金融聚集的环境。支大林(2002)[155]提出区域金融反映的是一个国家或地区金融结构与运行在空间上的分布状态,区域金融的属性表现为时空性、层次性、吸引与辐射性和环境差异性。田霖(2006)[156]利用金融地理学视角和方法,对金融的空间差异、空间过程和空间的相互作用理念进行论证,对我国目前金融成长态势的空间布局进行比较分析。另外,国内有关金融地理学的研究更多地集中在区域金融与区域经济增长关系的研究上,具体见2.2.2小节。

2.2.2 区域金融发展的空间分布差异及其对经济增长的影响

国内外诸多学者从理论和实证两个方面对金融发展和经济增长关系做了大量研究,但结论却见仁见智、不尽相同。如Lucas(1969)等学者认为经济、金融二者沿着各自的逻辑发展,不存在因果关系[157];但King和Levine(1993)[158]、Stiglitz(1994)[159]都一致认为金融体系在经济发展中起着关键的作用,金融发展导致经济增长;有学者认为金融发展与经济增长之间有一种互动的关系,二者互为因果,并建立了内生的经济增长模型来说明它们之间的这种关系;而 Edward S. Show[160] 和 Mckinnon[161] 则认为在发展中国家,金融发展对经济增长具有阻碍作用,由于金融市场上供给及相应需求的不足决定了经济结构上的刚性及其供求弹性较低,使得经济发展水平落后。

1. 金融发展与经济增长的相关研究

早期大多数学者对于金融对实体经济的贡献基本持怀疑或忽视的态度,古典经济学家根据萨伊定律提出了货币中性和信用媒介论,认为货币是中性的,不会对实际的经济变量产生影响,从而将金融因素排除在经济增长之外;新古典学派如 Robert Lucas 根据理性预期理论,同样认为金融发展与经济增长之间没有什么关系[151]。Schumpeter(1912)[162] 提出金融机构满足新兴企业信贷要求是经济发展的核心所在,并强调银行的功能在于甄别出最有可能实现产品和生产过程创新的企业,通过向其提供资金来促进技术进步,这被认为在经济理论史上第一次论述了创新与经济发展之间的关系。20 世纪 50 年代以来,Edward S. Show、Mckinnon (1973)、John G Gurley(1995)[163] 等大批经济学家对金融发展与经济增长的关系进行了广泛研究,从多方面论证了金融发展与经济增长之间存在的相关关系。K. Wicksell(1970)[164] 首次论述了货币对经济的影响作用,用积累理论揭示了货币因素对经济的影响,开创了货币经济理论。Hugh T. Patrick(1966)[165] 论证了金融体系在提高存量资本和新增资本配置效率、加速资本积累中的作用。Goldsmith (1969)[166] 用 35 个国家的数据对经济增长和金融发展之间的关系进行了实证分析,发现经济增长和金融发展之间存在粗略的平行变化关系,经济的快速增长总会伴随着超过平均水平的金融发展。之后 King 和 Levine(1993)[158] 等人用更大的样本、更先进的方法做了类似的研究,也得到了与之类似的结论。20 世纪 70 年代,Mckinnon(1973)[161] 提出并论证了金融抑制对经济增长的阻碍作用和金融深化与经济增长的关系,认为发展中国家不完全的金融市场扭曲了资源的配置使得资本与投资机会分离,"金融抑制"严重地阻碍了资本积累、技术进步与经济增长。Shaw(1973)[160] 从金融抑制的反方面提出了"金融深化"的概念——金融资产以快于非金融资产的速度而积累,发展中国家的经济改革应从金融领域入手,实现利率、储蓄、投资与经济增长的协调发展,消除"金融抑制"。20 世纪 90 年代以来,随着内生增长理论的提出,相关学者从效用函数入手,建立各种基于微观基础的模型,引入不确定性、不对称信息和监督成本等不完全的竞争因素,对金融中介和资本市场的形成做出了规范的解释。有关研究主要集中在利用跨国数据的回归分析及相关性分析,验证经济增长与金融发展指标之间正相关关系。如 Levine(2000)[167]从交易费用的角度分析了金融出现和发展的原因,进而又讨论了金融的功能与经济增长的关系,并做了大量的实证研究。近年来,经过大量学者不断拓展,该领域的研究已深入拓展到金融发展与经济增长的源泉(如私人储蓄率、资本积累、人力资本积累、全要素生产率等)之间的关系研究。如 Beck(2000)[168]等使用跨国数据,用金融发展指标和其他解释变量构建了一系列的回归方程,对金融发展与经济增长以及私人储蓄率、资本积累、人力资本等相关要素的影响进行了深入分析。大量实证研究以及各类分析数据表明,多数情况下,金融发展的水平和速度对经济发展的速度和形式确有决定性影响。

2.中国的区域金融发展与区域经济增长的相关研究

中国人口众多、地域辽阔、发展不平衡,同时又处于转型过程中,由于我国的发展中特征和转型特征,区域金融的不平衡发展具有不同于欧美国家的独特性,这引起了许多学者的关注。正如曾康霖(1995)[169]指出,我国应特别注重研究区域金融,包括区域金融差距、区域金融调控、区域银行存贷差、区域基础货币供求等问题的研究。国内学者主要通过回归分析等方法来研究我国各省或地区的金融发展指标同经济增长之间的相关关系。

部分学者对区域金融发展的差异进行了分析,描述了中国各区域金融发展水平的区域差距状况。其中张杰(1995)[170]通过对"新古典均衡假说""循环积累因果原理"分析认为,经济结构的区域差异必将引起金融制度与金融结构的区域差异,中国金融结构的区域收敛、金融聚集与中国金融成长的历程是一个"倒 U"过程。张军洲(1998)[171]从金融发展理论的中观层面,对中国区域金融问题进行了系统性研究。殷德生等(2000)[172]基于区域金融的一般理论,考察了不同区域金融主体的行为特征,从区域金融结构、区域货币资金流动与区域资源配置等视角强调了金融因素对区域经济发展的重大影响。潘文卿、张伟(2003)[173]认为我国资本配置效率总体上呈现上升趋势并呈东、中、西梯度递减格局,国有银行的信贷行为抑制了资本配置效率的提高,而非国有银行金融机构的信贷与投资行为对资本配置效率的提升有较大的促进作用。陆文喜、李国平(2004)[174]对我国各省区之间以及东、中、西三大地带内各省之间金融增长与发展的收敛性检验结果表明,我国各区域金融发展存在着阶段性和区域性的收敛特征,我国区域金融发展还具备类似于经济发展的俱乐部收敛特征。金雪军、田霖(2004)[175]根据对 1978~2003 年的数据实证分析,认为该时期我国并不存在区域金融成长差异的倒 U 型曲线,而是呈现三次曲线的变动态势,表明在这一期间并没出现初期发散和后期收敛的特征。王维强(2005)[176]认为区域金融差异归根到底是由微观主体有限理性的行为造成的,微观市场无法建立起有效平衡机制,必然导致宏观层面"市场失灵",这说明了区域金融政策的必要性,并将我国区域金融发展界定为市场竞争型、政府适度主导型、城乡差异型和政府扶植型 4 种模式。赵伟、马瑞永(2006)[177]分析表明,我国区域内金融增长差异主要来源于区域间金融增长差异,区域内金融增长差异只构成金融增长总体差异中的小部分。冯玥、王如渊(2007)[178]采用聚类分析认为,东部地区金融发展水平呈平稳上升是因为金融发展水平随着经济的发展一同提高,西部地区金融发展水平整体下降是因为经济的相对落后、金融资源的贫乏以及货币政策的滞后。这些成果分析了金融机构、金融工具、融资方式、融资机制和金融行为的区域特点等,认为金融结构与金融发展水平的差异共同构成决定区域金融差异的关键因素,但由于样本区间较短,使用的统计数据比较零碎,因此对中国改革以来资金配置的根本特征与内在机理还有待进一步的研究。

更多的学者重点关注中国金融发展与经济增长的关系以及金融发展促进经济增长的路径。其中周立和王子明(2002)[179]的研究证明,金融发展差距可以部分解释中国各区域经济增长的差距,区域金融发展初始条件低下对其长期的经济发展不利的原因。Boyreau-Debray(2003)[180]使用区域性资本市场的证据来说明地方信贷渠道存在的合理性,认为国家级银行发放的信贷对省级经济增长具有负面影响,其原因在于银行为支持国有企业部门而承受负担,而中小银行机构占比高的省区经济增长会更快。陈柳钦(2003)[181]则指出东部和全国的金融发展与经济增长之间存在正相关的关系,而中、西部二者之间则几乎是负相关的关系,且存在明显的滞后效应。艾洪德等(2004)[182]进一步研究发现,东部和全国的金融发展与经济增长之间存在正相关的关系,而中、西部的二者之间则几乎是负相关的关系,且存在明显的滞后效应,过度开放金融竞争和推动金融的市场化改革对欠发达区域的经济增长可能反而不利。周好文、钟永红(2004)[183]对中国1988～2002年东中西部区域金融中介发展与经济增长之间的相关关系和因果关系进行了检验,金融中介的规模指标和效率指标与经济增长之间都有密切关系,但金融中介在东部走的是一条质量型发展道路,而在西部则是一条数量型增长道路。沈坤荣、张成(2004)发现即使在改革开始后金融机构的低效率问题仍很严重,区域间金融效率的差异已成为各区域经济发展差异的主要因素[184]。王景武(2005)[185]发现东部地区的金融发展与经济增长之间存在正向因果关系,而西部地区金融发展与经济增长之间关系则存在相互抑制关系。周宁东(2007)[186]等人指出金融发展在质的提高方面比单纯量的扩张方面更能促进经济的增长。总体上,国内学者的观点大致可以分为三类:部分学者研究认为中国经济增长指标同金融发展指标正相关,因此二者之间有高度相关性,如周立、王子明等;但也有学者认为我国经济体制以及金融体制还不够健全,金融发展对我国的经济增长推动作用有限,甚至有些指标还呈现负面影响;而更多的学者研究发现东部和全国的金融发展与经济增长之间存在正相关的关系,而中、西部二者之间则几乎是负相关的关系,区域金融发展差异可以在一定程度上解释区域经济发展差异,如陈柳钦、艾洪德等。

总体来看,目前国内关于区域金融发展与经济增长关系的研究在研究样本上以东、中、西部的区域划分为主,或以具体的某一相对较小的区域为考察样本,对全国省市级及其以下区域的研究的较少;在研究重心上,主要以区域金融发展与经济增长关系的总体实证为主,缺乏对区域金融发展和经济增长在时间路径、地域特征方面的深入研究。

2.3 对当前研究的述评

总体上,国内外学者围绕不同范围的区域经济增长趋同与差异问题进行了大量研究,实证上一般集中于区域增长差距的定性、定量描述以及区域经济增长差异是扩大还是缩小的理论与实证检验等。从研究技术来看,在统计指标上主要采取基尼系数、变异系数及泰尔指数,在分析数据上主要采取区域 GDP、人均 GDP 或 GDP 增长速度等相关指标,对影响区域经济增长的各种因素如新古典因素(初始产出水平、初始人力资本、就业率、资本形成率)、结构因素(工业化、城市化)、新增长因素(人力资本、市场化、政府消费、技术进步、政策变量、新经济地理因素(人口密度、运输距离、规模经济)等进行了多角度分析,这些研究尽管不能完全展示区域经济增长的全部特征,但从数据可得性和解释力来看,这些指标的选取是可行且合适的。总体来看,这些研究从新古典增长理论强调资本边际报酬递减的收敛机制,发展到新增长理论强调技术扩散、转移的收敛机制,以及新经济地理学强调距离和运输成本的重要作用,表现出不断将各种因素逐步内生化,但基本上是在忽视地理空间维度的基础上进行的,或者说对地理空间效应作用的认识和重视还很不够。因此,虽然理论上新古典经济增长理论和新经济增长理论已获得了不少研究成果,但由于其理论假设的不完善,尤其是普遍忽视地理空间效应的不足,制约了理论和实证研究的解释力,导致目前尚未形成一个具有较高现实解释力的理论框架。

从国内的相关研究进展来看,由于区域经济增长时空演进动态机制的复杂性、地域性和不平衡性,影响经济增长分布的因素涉及多种复杂要素,对于我国区域经济增长时空特征及其影响因素的研究结论,则出现了收敛和趋异相互混杂、主要影响因素莫衷一是的现象,对中国区域差距有多大和区域差异是扩大趋势还是缩小趋势的看法并不一致,但各自的研究却均得到了实证经验的支持。学者们研究结论存在分歧,其原因在于分析方法、研究对象和考察问题的角度有所不同,特别是研究的时间、空间尺度不同是其重要原因。在分析对象空间基本单元不同的情况下,即使采用同一测度指标,衡量相同年份的收入差异,得到结果则必然不同;另外,即使空间单元相同、测度指标相同,但考察的时间段不同,得到的结果也不尽相同。国内有的学者将研究时期追溯至 1952 年,而更多的学者则侧重于改革开放以来的区域经济增长研究,但对 1978 年之后的时间段选择也不尽相同,最终引致研究结论出现各种差异。理论框架和检验方法不同也是导致研究结果差异的重要因素,如大多研究者没有考虑经济增长中的地理空间效应,极少数考虑了空间效应的研究则多为截面数据研究,缺乏对时间维度数据和面板数据的分析,且主流研究普遍使用普通最小二乘法估计方程。主要表现为：

（1）多数研究对地理空间效应在区域经济增长差异及收敛过程中的作用重视不够。传统的新古典增长模型作为区域增长尤其是收敛经验研究的主要模型框架，是基于封闭经济的假定而发展起来的。但在开放经济条件下，国家和区域经济增长很可能受到有形及无形的空间交互影响干扰，使得在横截面上一个区域单元与其他区域单元相关联，即"空间相关"。从理论的角度看，开放经济下区域经济增长的动力来源于资源在区域间配置的机制不同，经济体往往在空间上具有围绕一些"极核"而集群分布，也就是呈现空间俱乐部收敛的模式，故需要借鉴新经济地理学原理对传统增长理论进行补充；同时在理论模型的构建过程中，还需要借鉴空间统计和空间计量经济学原理和方法，将空间影响和空间交互效应纳入理论假设。

（2）现有研究多侧重于对区域经济增长收敛与差异空间格局的静态特征描述，而对其空间特征的形成原因分析不足。当前学者们普遍使用的差异指数法、传统回归分析法、马尔可夫概率转移矩阵法等，均无法适应基于横截面的区域经济水平随时间变化的动态机制及其成因的研究。同时由于历史的原因，我国经济发展中统计数据的收集工作起步比较晚，在区域的横截面数据尤其是时间序列和横截面融合的面板数据方面，则缺乏完整、高质量的数据集，限制了中国区域经济增长空间收敛与差异实证研究的进一步深入。因此，当前国内尤其需要基于面板数据，对区域经济增长过程中的地理（空间）溢出效应进行分析，以解释区域经济增长的空间发展模式，并基于区域经济数据空间分布的异质假设，在空间统计和空间计量方法支撑下，估计和检验空间条件下区域经济增长的机制与成因。

（3）在我国区域经济增长时空演进的研究中，多集中在对σ收敛、β收敛的研究，对俱乐部收敛的研究相对不足。国内外关于俱乐部收敛的研究开始相对较晚，西方学术界大约从20世纪90年代中期以后才陆续出现对俱乐部收敛的研究，而在国内这种现象也明显存在。从研究的对象来看，大都以东、中、西三大地带或者以省域作为研究的基本单元，采用离散序列对不同经济水平区域的划分有一定的主观性，可能导致样本太少影响回归参数的统计显著性，更可能人为地割裂了行政交界地带形成的具有相似性的区域经济体，从而降低了研究的精确性。

主流金融学的"宏观"和"微观"研究已经相对完善，但中观（即区域）视角的分析仍不够成熟,缺乏区域金融成长时空规律的挖掘。相对于我国区域经济增长空间布局的研究成果,关于区域金融发展的时空特征研究非常有限。中国特殊的国情为区域金融的研究提供了很好的平台,当前有关区域金融空间分布的研究多以区域虚拟变量来衡量,其最大的问题仍是假定区域之间相互独立,仍然存在把"区域"或"空间"作为一个抽象定语的现象,只是将金融与区域进行简单的、静态的叠加,未能很好地揭示金融成长的时空发展规律。另外,金融地理学为研究国内区域金融问题提供了新的视角和方法,比较前沿,但其研究方法还有待进一步系统化。既对金融资源空间分布格局进行描述或统计分析,更要对金融资源在不同区域之间的空间集聚或差异的机理进行深入讨论。需要将金融置于地理世界,基于"空间"视角,从金融地域运动角度深入、系统地研究我国区域金融发展的时空演进问题,并对其成因进行探讨,对中国区域经济发展差距和区域金融发展差距之间的关系给出实证分析,推动我国行政区金融向经济区金融的转化。

本书认为,区域经济金融截面主体之间在地理上是一些明显具有空间依赖性的经济实体,空间相关性是我国区域经济金融分布的重要特征,有必要将地理空间维度引入区域经济发展、区域金融增长过程的研究中来。在 GIS 平台的支持下,构建一个既包括经济属性数据又包括地理空间数据、既包括时间序列又包括空间截面数据的综合面板数据分析框架,对区域经济、金融时空演进研究非常重要。本研究拟在理论假设方面纳入空间联系和异质性假设,在地理空间效应的基础上展开理论框架的构建;在方法上,引进空间统计和空间计量经济学以及动态计量经济学的方法;在分析要素方面,将多维要素引入研究框架,强调多要素的综合作用;在数据方面,采用时间序列和横截面的面板数据;在研究的空间尺度方面,尝试深入地市层次进行探索性分析。

2.4　论书涉及的基本理论和所用方法

2.4.1　新古典增长 β 趋同模型

不同国家或地区之间经济增长的趋同性假说来自新古典理论中要素边际报酬

递减假说。经济增长的绝对趋同、条件趋同以及其他一些重要概念的分析都是以此为基础展开的。

新古典增长理论一般进行趋同分析所用的模型为(以下为了与本书的考虑空间依赖性后的趋同模型相区别,称之为经典趋同模型)

$$\ln\left[\frac{y_{T,i}}{y_{t_0,i}}\right] = \alpha + \beta \ln y_{t_0,t} + \varepsilon_t, \quad \varepsilon_{it} \sim iid, N(0,\sigma^2) \tag{2-1}$$

对于地区 i 而言,如果(2-1)式中的估计系数 β 为负且在统计上显著,则说明地区人均 GDP 的平均增长率在 T 时段内与初始时期的人均 GDP 水平呈现负相关,就存在 β 趋同,即落后地区的经济增长比发达地区更快;如果该系数为正,且从统计上来看显著,则不存在 β 趋同,就拒绝该假设。

基于趋同模型(2-1)还可以进行条件趋同假说的检验,即假设区域内部的子区域具有相同的稳定状态,引入地区虚拟变量,然后估计 β 系数来判断俱乐部趋同现象的存在。在国土面积较大,地区差距显著的中国这种方法应该具有一定的合理性。考虑到我国幅员辽阔,区域经济差异现象比较明显,在回归方程式(2-1)中加入地区虚拟变量后,考察条件 β 趋同是否发生是非常必要的。包含地区虚拟变量的回归方程为:

$$\ln\left[\frac{y_{T,i}}{y_{t_0,i}}\right] = \sum_{j=1}^{2}\alpha_j D_j + \sum_{j-1}^{2}\beta_j D_j \ln y_{t_0,t} + \sum_{j=1}^{2}\gamma_j D_j \ln x_{t_0,i}$$
$$+ \varepsilon_t, \varepsilon_{it} \sim iid, N(0,\sigma^2) \tag{2-2}$$

其中,γ 为地区虚拟变量待测系数向量,D 为地区虚拟变量向量,x 为代表地区社会经济金融等条件的控制变量,如物质或人力资本存量、公共投资占 GDP 的比重、国内投资占 GDP 的比率、贸易条件、人口增长率、技术进步水平等。在条件 β 趋同模型中,预期可以估计得到经济增长的两种效应。第一种是为了探寻趋同现象而通过 β 估计值得到的预期初始人均 GDP 的负面效应,第二种为以上介绍的解释变量 x 对增长所产生的所有其他效应。如此看来,在更加普遍的增长过程中模型(2-2)提供的信息要比模型(2-1)更为普遍。为了考察各种因素对中国省域经济增长差异的影响,本书主要引入区域金融发展状况等条件变量,与地区虚拟变量一起检验区域经济增长收敛的形成原因。

但是,在模型中到底应该包括哪些影响不同稳定状态的变量,是恰当选择解释变量的一个关键问题。而且,包括初始人均 GDP 的解释变量与误差项之间还可能存在相关性,会导致 OLS 估计无效而无法进行统计推断。这都需要从新的视角去构建一个更加合理的经济增长趋同模型框架,以保证得出科学客观的结论。当然,这种研究虽然也考虑到了不同地区差异的影响并以地区虚拟变量来衡量,但是从本质上看,最大的问题是假定区域之间是相互独立的。而我们观测到的截面区域之间在地理上是一些明显地具有空间依赖性的经济实体,因此对这种误差项独立的严格假定合理与否,应该先经过空间相关性检验才能断定。如果原假设在统计上被拒绝了,则表明 OLS 估计的结果是不可信的,就有必要将地理空间维度引入趋同过程的估计研究中来。

2.4.2 空间相关性与 β 趋同的空间计量经济模型

如果假定地区之间存在空间相关,那么一个地区的相关区位就会影响它自身的经济绩效。在这种情况下,对具有相似地理环境的地区而言就是条件 β 趋同。由此,要检验 β 趋同的假设,则必须先检验区域之间的空间依赖性,原因是空间自相关性的出现使得普通最小二乘法(OLS)将产生无效估计和不可靠的统计推论。空间相关(Spatial Dependence)可以定义为观测值及区位之间的一致性。当相邻地区随机变量的高值或低值在空间上出现集聚倾向时为正的空间自相关,而当地理区域倾向于被相异值的邻区所包围时则为负的空间自相关。可见,空间依赖意味着观测值由于某种空间作用而在地理上集聚,这些联系不同地区的作用有溢出效应及贸易、传播或其他社会经济的交互作用。由于直接作用于区域相互关系,像劳动力、资本流动、知识溢出、交通运输或交易成本等经济因素对空间依赖尤其重要。当然,本书重点讨论多种交互过程在空间上所导致的某种特定经济行为组织的形成,以及到底是哪些解释变量在发挥作用。研究的重点将放在特定的、由空间权值矩阵决定的外生性的空间模式过程引起的空间依赖上。具体思路是:先进行纯空间效应的计量检验,然后逐步引入地区虚拟变量及人力资本等控制变量,目的是在经济增长信息比较全面及可靠的条件下,检验并捕捉影响增长趋同的地理溢出效应及其他因素产生的综合效应。本书在 Barro 和 Sala-I-Martin 模型的基础上,引入空间计量经济模型进行的 β 趋同分析,包括空间自回归(滞后)模型和空间误差模型。

空间自回归(滞后)模型(Spatial Lag Model,SLM):在空间自回归趋同模型中,观测值的空间相关性被处理成内生的空间滞后变量 $W\ln\left[\frac{y_{T,i}}{y_{t_0,i}}\right]$。

$$\ln\left[\frac{y_{T,i}}{y_{t_0,i}}\right] = \sum_{j=1}^{2}\alpha_j D_j + \sum_{j=1}^{2}\beta_j D_j \ln y_{t_0,t} + \sum_{j=1}^{2}\gamma_j D_j \ln x_{t_0,i} + \rho W\ln\left[\frac{y_{T,i}}{y_{t_0,i}}\right]$$
$$+ \varepsilon_t \; \varepsilon_i \sim N(0,\sigma^2 I) \tag{2-3}$$

其中,$\ln\left[\frac{y_{T,i}}{y_{t_0,i}}\right]$ 为 $(n\times 1)$ 阶无条件 β 趋同模型(2-1)中的被解释变量向量,具体到本研究中为地区 i 在时间 0 和 T 之间的人均 GDP 增长率,y_{t_0} 为 $(n\times 1)$ 阶初始 0 时期 i 地区人均 GDP 水平向量;ε 为 $(n\times 1)$ 阶正态分布的误差项向量;α、β 和 ρ 分别为一未知待估参数;ρ 为空间自回归参数,衡量引进的外生标准化权值矩阵的观测值之间的空间相互作用程度。内生空间滞后变量 $W\ln\left[\frac{y_{T,i}}{y_{t_0,i}}\right]$ 为包括预先乘以权值矩阵的增长率向量。对于 i 地区的增长率向量 $\ln\left[\frac{y_{T,i}}{y_{t_0,i}}\right]$,相应的空间滞后向量包括了邻近地区经过空间权值化处理后的经济增长率。由于回归向量 Wy 常常与误差项 μ 相关,采用 OLS 法估计模型(2-3)将会产生非一致估计。因此,该模型一般需使用极大似然(ML)法、广义矩估计法(GMM)或者工具变量法(IV)等计量技术进行估计。模型(2-3)的含义可从两个方面来理解:一是从趋同的角度看,一旦空间效应被控制,它将通过估计的 β 参数提供趋同性质的信息;二是从经济地理的角度考察,它将有助于凸显空间效应,一旦确定了初始人均 GDP 水平的条件,则该模型显示了一个地区是如何通过参数 β 受邻近地区人均 GDP 增长率的影响的。

如果做个简单变换,可以将模型(2-3)改写为以下方程

$$(I-\rho W)\ln\left[\frac{y_{T,i}}{y_{t_0,i}}\right] = \sum_{j=1}^{2}\alpha_j D_j + \sum_{j=1}^{2}\beta_j D_j \ln y_{t_0,t} + \sum_{j=1}^{2}\gamma_j D_j \ln x_{t_0,i} + \varepsilon_i \tag{2-4}$$

$$\ln\left[\frac{y_{T,i}}{y_{t_0,i}}\right] = (I-\rho W)^{-1}\sum_{j=1}^{2}\alpha_j D_j + (I-\rho W)^{-1}\sum_{j=1}^{2}\beta_j D_j \ln y_{t_0,t}$$
$$+ (I-\rho W)^{-1}\sum_{j=1}^{2}\gamma_j D_j \ln x_{t_0,i} + (I-\rho W)^{-1}\varepsilon_i \tag{2-5}$$

方程(2-5)显示:平均看来,一个地区的增长率不仅仅受其初始人均 GDP 水平

的影响,而且也通过空间转换的转置形式$(I-\rho W)^{-1}$受到其他邻近地区的影响。当然,从经典趋同角度来考虑,该模型的解释很难与基本的β趋同概念保持一致。因此,应该相当审慎地解释空间相关情况下的趋同过程。如果考虑误差的作用,模型(2-5)意味着对某一特定地区的随机冲击将不仅影响该地区的增长率,而且通过同样的$(I-\rho W)^{-1}$对所有其他地区的增长率产生冲击。

空间误差模型(Spatial Error Model,SEM):当假定空间依赖性是通过忽略了的变量产生作用时,空间误差模型是一种比较准确的模型。它通过不同地区的空间协方差来反映误差过程,当误差遵循第一阶过程时,模型为

$$\ln\left[\frac{y_{T,i}}{y_{t_0,i}}\right] = \sum_{j=1}^{2}\alpha_j D_j + \sum_{j=1}^{2}\beta_j D_j \ln y_{t_0,i} + \sum_{j=1}^{2}\gamma_j D_j \ln x_{t_0,i} + \mu_t \qquad \varepsilon_i \sim N(0,\sigma^2 I)$$

$$\mu_i = \lambda W\mu_i + \varepsilon_i$$

$$(2\text{-}6)$$

其中,λ为揭示回归残差之间空间相关强度的标量参数。用 OLS 估计的非球形扰动误差将会产生无偏但非有效的估计。而且,由于估计的参数方差是有偏的,基于 OLS 估计结果的推论容易产生误导,因此,该模型一般需用极大似然法(ML)或广义矩估计法(GMM)估计。

可以看出,这两种空间计量经济趋同模型可以有效地揭示经济增长中的空间溢出效应。但在实际应用中,如何确定哪一种模型是最佳的趋同估计模型呢?下面将介绍在实际应用中基于空间自相关检验的选择标准和方法,这种方法可以帮助我们从这三种模型中选择最佳的空间回归模型来估计经济增长的趋同性和空间溢出效应。

2.4.3 空间计量经济 β 趋同模型的空间自相关检验

关于绝对 β 趋同的空间计量经济模型检验的三种空间自相关检验方法分别为:一是 Moran 指数检验法,即对所有空间依赖性都适合的回归残差检验方法,这种方法虽能有效地检验模型是否具有空间相关性,但无法区分应该是两种模型(SLM 和 SEM)中的哪一种。为了解决这个问题,Anselin(1988)[100]提出了区别两种模型的检验方法——空间滞后和空间误差模型的两种拉格朗日乘子(Lagrange

Multiplier，LM）检验及其稳健性（Robust）形式。这两种检验方法都可以检验空间自回归可能出现的两种形式：LMLAG 检验空间自回归滞后变量模型、LMERR 检验空间自相关误差模型。两种稳健性检验 R-LMLAG、R-LMERR 是对两种拉格朗日乘子检验的有力补充。这两种检验方法可以用于决定哪一种形式更加符合适合的模型。具体判别规则是：如果在空间依赖性的检验中发现，LMLAG 较之 LMERR 在统计上更加显著，且 R-LMLAG 显著而 R-LMERR 不显著，则可以断定适合的模型是空间自回归模型；相反，如果 LMERR 比 LMLAG 在统计上更加显著，且 R-LMERR 显著而 R-LMLAG 不显著，则可以断定空间自回归模型是恰当的模型。

第3章	区域经济增长的时空分布特征 与演进规律分析

改革开放以来,我国区域经济呈现出显著的快速增长趋势,但与之相伴随的是地区间经济增长不协调问题的凸显。为了能够较为全面地反映我国现阶段各地区的经济发展状况,以及各地区在经济发展过程中所呈现出的不同变化规律和运行特征,需要对我国不同地区间经济发展水平的差异程度和空间分布特征进行深入细致的分析,并探究我国的地区经济增长模式是否具有收敛性特征。与现有研究多集中于省区层面和静态描述不同的是,本章基于省级和地市级两个空间尺度,从空间和时间两个维度,结合 ESDA 和空间计量经济学方法研究我国区域经济的发展问题,不仅对中国区域经济发展格局的主要特征进行了空间探索分析,还引入20 世纪 90 年代最新发展的分布动态方法,对中国区域经济增长的时空趋势进行分布动态的演进分析,揭示我国区域经济增长的时间、空间特征及其发展的演进规律。

3.1 数据来源与空间分析方法说明

3.1.1 数据来源说明

本研究中基于省级空间尺度的地理分析单元共 31 个,考察期为 1978~2008 年,数据来自《新中国五十五年统计资料汇编》,2000~2008 年《中国统计年鉴》,

2004、2005 年《重庆统计年鉴》,各省最新统计公报以及中国宏观经济信息网数据库。受数据可得性限制,同时为保证数据的连续性,本书基于地市级空间尺度的地理分析单元共 289 个,考察期为 1994～2007 年①。289 个分析单元包括 4 个直辖市、15 个副省级市、2 个自治区(西藏、青海)、268 个地市级单元(包括地级市、盟、自治州和地区)。为了保证地理口径的一致性,本书以 2007 年的行政区划为准,据此对数据进行了相应的调整,数据主要来自于中国宏观经济信息网中的城市年度库,并以 1995～2008 年各年《中国城市统计年鉴》和《中国区域经济统计年鉴》对部分数据进行了补充和调整。

本书在经验分析中,使用绝对人均 GDP 和相对人均 GDP 两个指标。其中绝对人均 GDP 为以 1978 年为基期核算的真实人均 GDP 绝对值,相对人均 GDP 为该地区绝对人均 GDP 与全国绝对人均 GDP 值之比,以此考察各省区经济水平在全国所处的位置。

3.1.2 空间权重矩阵的设定

要检验空间相关性和运用空间数据分析方法,首先要确定地区之间相互作用的关系模型,一般通过设定空间权重矩阵(spatial weight matrix)实现。空间权重矩阵反映了地理单元之间的相邻关系,以及潜在的相互作用的强度。如何选择适当的空间权重矩阵难度很大,由于空间权重矩阵的设定方式会对空间数据分析结果产生重要的影响,所以一直以来空间权重的设定问题就是空间数据分析领域中最有争议的方法论问题之一。考虑到模型的可识别性,空间权重矩阵必须是外生于模型的,不能包括模型中所涉及的任何外生或内生变量,否则实证模型将变得高度非线性。一般来说,设定空间权重矩阵主要依据地理特征,如地区边界、空间邻近和距离等,距离、空间邻近关系等地理特征先于经济系统而存在,这种设定原则显然可以保证空间权重矩阵的外生性。

根据具体设定方式的不同,常用的空间权重矩阵主要包括二元相邻矩阵

---

① 本研究原打算采用与省级分析相同的考察期,但难以获得所需要的数据。由于考察期不同,这在一定程度上影响了省级和地级分析结果的可比性。

（binary contiguity matrix)、距离倒数矩阵(inverse distance matrix)、距离二元矩阵(distance to binary matrix)、K 近邻矩阵(K-nearest neighbor matrix)等。另外，空间相邻关系还有一阶相邻和高阶相邻之分，对应于一阶空间权重矩阵和高阶空间权重矩阵。所谓一阶相邻，就是上述常用的空间权重矩阵所表示的相邻关系。依据一阶相邻关系，可以判别高阶相邻关系。例如，不相邻的两个地区都与另外一个地区相邻，则这两个地区为二阶相邻，即"邻居的邻居"；依次类推，三阶相邻则是指"邻居的邻居的邻居"。根据二阶、三阶等高阶相邻关系所构造的权重矩阵就是高阶空间权重矩阵。

本研究选择了常用的两类空间权重矩阵，即二元相邻矩阵和基于距离倒数的权重矩阵。就二元相邻矩阵而言，相邻关系的判别准则有三种，即拥有共同边界的车(rook)相邻、拥有公共顶点的象(bishop)相邻和拥有共同边界或公共顶点的后(queen)相邻(参见 Lesage，1999b)，矩阵中元素的取值如式(3-1)所示。

$$\begin{cases} w_{ij} = 0 \text{ if } i = j \\ w_{ij} = 0 \text{ if } i \neq j \text{ 且 } i \text{ 与 } j \text{ 不相邻} \\ w_{ij} = 1 \text{ if } i \neq j \text{ 且 } i \text{ 与 } j \text{ 相邻} \end{cases} \tag{3-1}$$

距离倒数矩阵是基于距离倒数的权重矩阵，又可称为负指数权重矩阵，矩阵中元素的取值如式(3-2)所示。式(3-2)中 d_{ij} 为地区 i 与地区 j 之间的距离，d 是门槛距离，地区之间的距离超过该门槛距离视为不相邻，m 是大于 0 的整数，m 取值越大，地区之间相互作用的强度随距离下降得就越快。

$$\begin{cases} w_{ij} = 0 \quad i = j \text{ or } d_{ij} > d \\ w_{ij} = (d_{ij}) - m \quad i \neq j \text{ and } d_{ij} \leqslant d \end{cases} \tag{3-2}$$

书中所使用的空间权重矩阵都经过了行标准化处理，即用矩阵中每个元素同时除以所在行元素之和，使得每行元素之和为 1。如果 Y(向量符号用小写字母表示 y)是各地区经济增长列向量，W 是标准化后的空间权重矩阵，那么 WY 称为 Y 的空间滞后项，其经济意义是各地区相邻的平均经济增长列向量。

3.1.3 探索性空间数据分析

通常把以空间数据为研究对象，综合空间统计学及现代图形计算技术，分析观测值空间分布的一组技术总称为探索性空间数据分析方法(ESDA),主要包括全局和局部空间相关性分析。空间相关性和空间异质性是空间数据分析中的两个核心概念,为了更好地理解 ESDA 方法,首先要澄清这两个概念。空间相关性(spatial dependence)指数值相似与区位相似的一致性(Anselin,2001),表现为相似的观测值倾向于在空间上集聚;空间异质性(spatial heterogeneity)是指经济行为在空间上不稳定,具体表现为随机变量的分布,以及模型参数和误差项方差随区位变化等(Haining,1990;Bailey et al.,1995;Anselin,1998a、b)。

1. 全局空间相关性

全局空间相关性反映了考察变量在全部区域范围内空间相关的整体趋势。在反映空间相邻区域单元观测值的相似程度指标中,Moran's 指数 I 最为常用且测试结果最好,因此本文亦采用 Moran's 指数 I 作为空间相关指标。Moran's 指数 I 定义为:

$$I = \frac{n}{\sum\limits_{i=1}^{n}\sum\limits_{j=1}^{n}W_{ij}} \frac{\sum\limits_{i=1}^{n}\sum\limits_{j=1}^{n}W_{ij}(x_i-\overline{x})(x_j-\overline{x})}{\sum\limits_{i=1}^{n}(x_i-\overline{x})^2}, \ i \neq j \qquad (3\text{-}3)$$

在本研究中,$n=31$ 代表我国大陆 31 个省级行政区域(由于数据原因未能包括我国港、澳、台地区),x_i 为第 i 个空间单元的经济增长情况(本书采用相对人均 GDP 指标),$\overline{x}$ 表示与之相邻区域的经济发展水平的平均值。Moran's 指数 I 的值界于 $-1\sim1$ 之间,其正负主要由 $(x_i-\overline{x})$ 与 $(x_j-\overline{x})$ 的关系所决定,当二者均为正或均为负时,则 $(x_i-\overline{x})(x_j-\overline{x})$ 必为正,代表邻近区域为正自相关;若 $(x_i-\overline{x})$ 与 $(x_j-\overline{x})$ 分别为一正一负时,则 $(x_i-\overline{x})(x_j-\overline{x})$ 小于 0,代表相邻区域为负自相关。同时,Moran's I 值为正且越大表示邻近区域的正相关性越强,呈现空间聚集;接近 0 表示相邻区域独立或不相关,呈现随机的分布;若小于 0,则表示相邻区域为负相关。Moran's I 是一个全局性的统计量,不能用来考察局部区域的空间相关性。

2. 局部空间相关性

局部空间相关性反映了考察变量在局部区域范围内空间相关的类型、程度和显著性。可以利用 Moran 散点图(Anselin,1996)和局部相关指数 LISA(Local

Indicators of Spatial Association)(Anselin 1995)进行局部空间相关性分析,识别和检验考察变量的空间模式。

Moran 散点图描绘了考察变量(y)与其空间滞后项(Wy)的相关关系。在Moran散点图中,局部空间相关关系被划分为 High-High(HH)、Low-Low(LL)、Low-High(LH)和 High-Low(HL)四种类型。High-High(或 Low-Low)是指具有较高(或较低)观测值的地区,其相邻地区的观测值也较高(或较低)。High-High和 Low-Low 属于局部空间正相关,Low-High 和 High-Low 则属于局部空间负相关,又被称为非典型区。Moran 散点图可以在地图上直观地反映各个地区局部空间相关性的类型及其空间分布,但它不能用来检验空间模式的显著性,LISA 可以弥补这一不足。

LISA 是用于局部空间相关性分析的一类统计量的总称。LISA 应当满足以下两条标准:其一,针对每个地区,LISA 可以反映空间相关类型的显著性;其二,针对所有地区,LISA 之和与全局空间自相关统计量成比例(Anselin 1995)。局部Moran's I 统计量(local Moran's I statistics)满足这两条标准,可以作为 LISA。第 i 地区在第 t 年的局部 Moran's I 统计量的公式如下:

$$I_{i,t} = \frac{(x_{i,t} - \mu_t)}{m_0} \sum_j w_{ij}(x_{j,t} - \mu_t) \qquad \text{其中 } m_0 = \sum_i (x_{i,t} - \mu_t)^2 / n \quad (3\text{-}4)$$

上式中,x_{it} 代表第 t 年地区 i 的观测值;$m\mu_t$ 代表第 t 年不同地区观测值的均值;地区 i 与地区 j 相邻。I_{it} 为正,表示相似观测值在局部聚集;I_{it} 为负,则表示相异观测值在局部聚集。把 Moran 散点图与 LISA 结合在一起,就产生了所谓的LISA聚集分布地图,与 Moran 散点图相比,该地图仅显示局部 Moran's I 显著的地区及其局部相关类型。

3.1.4　分布动态方法

分布动态法从两个方面评估地区经济增长分布的演进:经济增长分布形状和经济增长内部分布的流动性。前者涉及地区经济增长的分布形态及随时间的变化,评估形状动态的一个重要方法是通过使用核密度估计量估计横截面的分布。后者是指各地区经济在一段时期后其在不同经济水平间的转移概率,它反映地区经济在一段时间后向上(下)一级经济水平转移的可能性。分布动态方法包括马尔可夫链方法和随机密度核估计法,前者将经济增长序列作为离散状态处理,而后者将经济增长序列作为连续状态处理。

1. 密度函数的核(Kernel)估计

本书采用Kernel密度估计方法[①],即利用核估计方法来估计经济增长分布的密度函数,从而揭示其演进过程。核估计是一种非参数估计方法[②],主要用于对随机变量密度函数进行估计,其目的在于放松回归函数形式的限制,为确定或建议回归函数的参数表达式提供有用的工具,从而能在广泛的基础上得出更加带有普遍性的结论。最简单的随机变量的密度函数非参数估计是频数分布直方图,但是直方图对于原点的选择非常敏感,而且是非连续的。Kernel密度函数估计通过平滑方法,对远离待估计点的观测值给予较少的权重的方法,用平滑的曲线代替直方图。

Kernel密度估计方法的原理简要介绍如下:随机变量X的密度函数$f(x)$未知,在点x的密度由下式估计:

$$\hat{f(x)} = \frac{1}{Nh} \sum_{i=1}^{n} K(\frac{X_i - x}{h}) \tag{3-5}$$

上式中N是观测值的个数,h为带宽(bandwidth)(或平滑参数),$K(\cdot)$是核函数。核函数(kernel function)是一种加权函数或平滑函数,它决定了曲线折曲的形态。通常采用的核函数有高斯(正态)核、Epanechnikov核、三角核(triangular)、四次核(quartic)等。带宽决定了所估计密度函数的平滑程度,带宽越大,曲线越平滑,可见带宽的选择在很大程度上决定了分布的形态。在实践中,样本越多,要求的带宽应越小,但不能太小,即h是N的函数,且

$$\lim_{N \to \infty} h(N) = 0, \ \lim_{N \to \infty} Nh(N) = N \to \infty \tag{3-6}$$

---

① 高斯Kernel密度估计是一种以具有高斯(正态)分布的Kernel函数(又称加权函数)来估计某一未知分布的统计学方法。其构造方法参见Silverman(1986)。

② 非参数估计方法的原理参见叶阿忠(2003)。经济计量研究中常用的是参数估计,即假定经济变量之间具有一定的函数关系,并且函数形式是可以确定的,可以写成带参数的形式进行估计,经典的线性回归和非线性回归就属于参数估计方法而非参数估计的特点在于:回归函数的形式可以任意,没有任何约束,解释变量和被解释变量的分布也很少有限制,因而有较大的适应性。

可以证明在上述要求的核函数及带宽条件下,密度函数 $f(x)$ 的核估计是渐进无偏估计与一致估计。

2.马尔可夫链

马尔可夫链是一个随机过程 $\{X(t),\ t \in T\}$,该随机过程的指数集合 T 对应于各个时期,有限状态空间 N 对应于随机变量的状态数,那么对所有的时期 t 和所有可能的状态 $j,i,i_k (k=0,1,2,\cdots,t-2)$,满足下式:

$$P\{X(t)=j \,|\, X(t-1)=i,X(t-2)=i_{t-2},\cdots,X(0)=i_0\}=P\{X(t)=j \,|\, X(t-1)=i\}$$

上式表明了一阶马尔可夫链的性质,即随机变量 X 在时期 t 处于状态 j 的概率仅取决于随机变量 X 在时期 $t-1$ 的状态。这一特性称为马尔可夫性,或称无后效性。

状态是随机变量可能出现或存在的状态,状态转移指从一种状态向另一种状态变化,状态转移概率 p_{ij} 则是指随机变量由状态 i 转移到状态 j 的概率,所有的 p_{ij} 组成的 $N \times N$ 维矩阵就是状态转移概率矩阵 $\boldsymbol{P}$。

设 $\boldsymbol{F}_t$ 为 $1 \times N$ 的行向量,代表 t 时期考察变量(本书中是省、市区人均 GDP)的分布状态,即每一个状态出现的频率。那么,$t+1$ 时期的状态可以表示如下:

$$\boldsymbol{F}_{t+1} = \boldsymbol{F}_t \boldsymbol{P} \tag{3-7}$$

如果转移概率不随时间变化,那么马尔可夫链就具有时间平稳性(time stationary)或时间同质性(time homogeneous)。那么

$$\boldsymbol{F}_{t+s} = \boldsymbol{F}_t \boldsymbol{P}^s \tag{3-8}$$

当上式中的 s 趋于无穷大时,可以得到 $\boldsymbol{F}_t$ 的稳态分布(ergodic distribution)或长期分布 $\boldsymbol{F}^*$。如果马氏链的转移概率矩阵 $\boldsymbol{P}$ 是正规(regular)概率矩阵[①],随着 s 趋于无穷大,$\boldsymbol{P}^s$ 收敛于一个秩为 1 的极限矩阵 $\boldsymbol{P}^*$[②]。

一个时间平稳的马尔可夫链的性质完全由转移概率矩阵 $\boldsymbol{P}$ 和初始分布 $\boldsymbol{F}_0$ 决定,因此马尔可夫链分析的主要任务就是估计转移概率矩阵和初始概率分布。p_{ij}

[①] 矩阵 $\boldsymbol{A}$ 是正规概率矩阵或标准概率矩阵,$\boldsymbol{A}^m (m=1,2,\cdots)$ 满足下列条件:$a_{ij} > 0$ 且 $\sum\limits_{j=1}^{N} = 1$。

[②] $\boldsymbol{P}^*$ 矩阵是由 N 个相同的行向量组成的,行向量中的元素就是稳态概率分布 $\boldsymbol{F}^*$。

的最大似然估计如下所示：

$$\hat{p}_{ij} = \frac{n_{ij}}{n_i} \tag{3-9}$$

上式中，n_{ij} 是考察期间内，第 i 种状态转变为第 j 种状态的出现次数，n_i 是第 i 状态出现的总次数。初始概率分布主要取决于状态划分，在经济增长分布的演进分析中，一般建议（Quah,1997）通过恰当的状态划分使得每一种状态的初始概率都相同。

3.2 区域经济增长的时空演进规律分析

20 世纪 90 年代最新发展的分布动态方法可以直观地描述区域经济增长的形状和分布特征随时间的演变，是一种更能描述事实现象的一种非参数的估计方法，相对于传统分析方法而言具有非常明显的优势。本书应用分布动态法分析我国区域经济增长空间分布的动态演进，具体包括核密度估计和马尔可夫转移矩阵，分别对应连续型和离散型分布，通过核密度图描述中国省区经济增长分布的动态形状，采用马尔可夫链法分析中国省区经济增长的演进规律和收敛模式，同时利用较为先进的随机核密度估计方法结合三维图形和等高线图对我国的区域经济增长动态演进模式进行分析。

3.2.1 区域经济增长分布演进的 Kernel 密度估计

用人均 GDP 来代表各省区的经济发展水平，并使用省区人均 GDP 与全国 GDP 之比即全国相对人均 GDP 考察区域经济在全国所处的位置，这可以控制全国物价变动、商业周期和全局性冲击下的地区共同运动的影响。为了考察中国地区经济增长分布的演进特征，我们使用 SAS 软件估计了 1978～2008 各年全国相对人均 GDP 的密度函数，核函数和带宽为 KDE 命令的默认值，其中核函数是高斯（正态）密度函数，对于估计正态密度函数是最优的。估计结果如图 3-1 所示。

图 3-1 给出了 1978、1988、1998 和 2008 年的分布曲线，为了便于对比观察我国区域经济增长分布的动态演变，在图 3-1(a)中给出了 1978 年和 2008 年的核密

度曲线,使其进行对比,并在图 3-1(b)、3-1(c)和 3-1(d)中分别对 1978 年与 1988
年、1988 年与 1998 年和 1998 年与 2008 年的核密度分布进行了比较。图中横轴为
相对人均 GDP,1 代表全国平均水平,2 代表平均水平的 2 倍,以此类推,根据图中
核密度曲线形状及其变动情况可以看出区域经济增长分布形态演进的主要特征。
由图 3-1(a)可以发现,1978~2008 年期间,我国地区经济增长总体表现为由多峰
到双峰、由尖峰到宽峰的演进模式,但实际上区域经济增长趋势并非始终如一。从
图 3-1(b)、3-1(c)和 3-1(d)中对我国区域经济增长每隔 10 年的情况进行比较的结
果发现,其在不同的发展阶段呈现出不同的特征,具体如下:

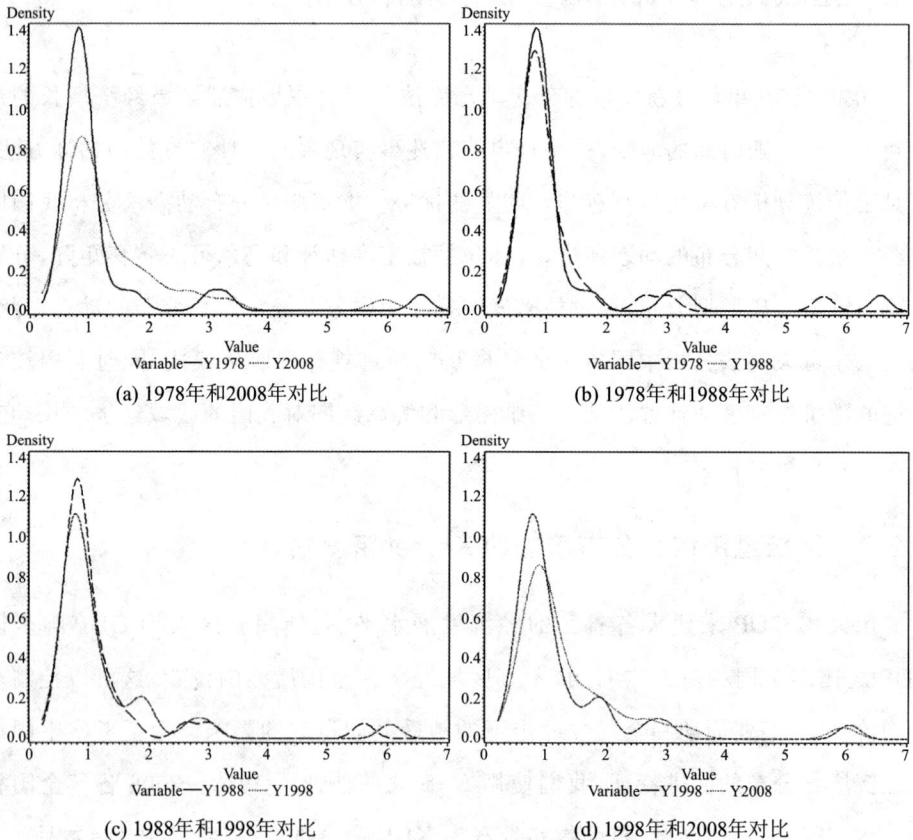

图 3-1   中国省区人均 GDP 分布密度的 Kernel 估计

从图 3-1(b)中 1978 与 1988 年全国人均 GDP 分布的核密度函数特征来看,区

域经济增长的主峰都位于全国平均水平的左侧,表明绝大多数省区的经济水平都低于全国平均水平,且 1988 年相对于 1978 年的主峰略向左移,说明低经济增长地区有更趋落后的态势,同时主峰的核密度随时间的推移在逐渐下降,形态变得平缓,表明主峰内部省区间的经济差距略有扩大;除了主峰之外,在较高的经济增长水平区段还存在几个小的波峰,其中 1978 年相对人均 GDP 的分布由 1 个主峰 3 个次峰构成,通过对与本图相关联的数据表(这里省略)可以发现,其中黑龙江和辽宁、北京和天津、上海等地区分别代表经济发展的 3 个高水平俱乐部,表明省区经济分布表现为"多极化"态势;到 1988 年次峰减少为两个,黑龙江和辽宁代表的高水平俱乐部并入主峰,表明在局部地区存在经济增长收敛的现象;还可以发现,随着时间的推移,次峰均逐渐向左侧移动,表明不同俱乐部收敛省区的差距在逐步缩小,但主要是高水平俱乐部向低水平俱乐部靠拢。因此,整体上 1978～1988 年全国区域经济增长表现出收敛态势,地区经济差距得到了有效控制,但这主要是发达地区经济发展不足造成的。

1988 到 1998 年,是我国改革开放不断深入和市场化竞争日益加剧的阶段。从核密度函数图 3-1(c)来看,地区经济发展并没有出现进一步的收敛特征,地区经济发展又呈现多极化态势,1998 年我国区域经济增长又出现了 3 个次峰,分别是江苏和浙江、北京和天津、上海等地区为代表的 3 个高水平俱乐部;同时可以发现,主峰和次峰之间的距离在拉大,其中主峰略向左移,而次峰则显著右移,表明两个俱乐部收敛省区的经济差距在扩大,经济发展分别向两极分化,相对于全国平均水平来讲,一方面是落后地区的水平略有下降,另一方面是发达地区的经济水平显著提高。

1998 年以来,国家开始实施区域经济均衡发展战略,先后出台了西部大开发、东北振兴、中部崛起等发展措施。根据图 3-1(d),这一时期地区经济发展出现多峰向双峰模式转变的趋势,以江苏和浙江、北京和天津为代表的两个次高峰并入主峰的右尾,区域经济增长又呈现收敛态势;同时,主峰的态势变得更加平缓,呈宽峰形态,表明主峰内部省区的经济差距较大;主峰和次峰之间的距离又有所缩小,表明不同俱乐部收敛省区的差距缩小,但主要是低水平俱乐部向高水平俱乐部靠拢,表明相对于全国平均水平来看,落后地区的经济发展水平得到显著提高,大多数地区逐渐接近全国平均水平,表明 20 世纪 90 年代末以来实施的区域均衡发展战略取得了显著成效。

总体来看,1978~2008 年间,中国区域经济增长的所有主峰都位于全国平均水平的左侧,分布密集区在 0.5~1 之间,表明中国大多数省区的经济水平都低于全国平均水平,且大多数地区在分布中的相对位置倾向于保持不变即持久性;动态来看,改革开放以来,中国省区经济增长的分布形态经历了多极化—收敛—发散—双峰趋同的变化过程,其中,俱乐部收敛省区内部的经济发展差距有所扩大,俱乐部间的发展差距经历了缩小—扩大—缩小的过程,其主导因素先后表现为高水平俱乐部向低水平俱乐部靠拢、两极分化、低水平俱乐部向高水平俱乐部靠拢的过程。

3.2.2 区域经济增长分布演进的马尔可夫链分析

为了考察经济增长分布的动态性,通过估计马尔可夫链的转移概率矩阵跟踪区域相对人均 GDP 的演进。本书对间隔期的选取分别为 1 年、5 年和 10 年,以考察区域经济增长分布动态的稳定性。根据历年各省区人均 GDP 与全国人均 GDP 之比,将全国人均 GDP 的整个取值区间划分为有限的、不交叉、完备的 5 个区间,对应于经济增长水平的 5 种状态。根据 Quah 的建议,通过恰当的状态划分尽量使每一种状态的出现概率都相同,因此本书的具体分组情况如表 3-1 所示。共分为 5 组并力求使得在考察期初(1978 年)每个组包含的观测值数目尽量接近,各组分别用 L_1、L_2、L_3、L_4、L_5 代表低水平地区、较低水平地区、中等水平地区、较高水平地区和高水平地区,对应全国人均 GDP 的分布区间为(0,0.564)、(0.564,0.687)、(0.687,0.793)、(0.793,0.934)和(0.934,5.436)、(5.436,+∞)。接下来根据公式 3-9 估计转移概率矩阵并计算稳态分布,利用 Bichenbach 和 Bode(2003)的 Q 检验转移矩阵平稳性,表明整个时期转移概率矩阵相同,故本书对整个考察期进行马尔可夫链分析。表 3-1 给出了 1978~2008 年各省相对人均 GDP 在第 $t+1$ 年、$t+5$ 年和 $t+10$ 年发生类型转移的概率估计;并计算得出各类型的稳态分布概率,若稳态分布中中等经济水平地区占较高的比例,一般意味着收敛,而若低水平和高水平状态的地区比例较高,则往往意味着两极分化。

表 3-1　1985～2004 年全国相对人均 GDP 的转移概率矩阵

$t \backslash t+1$	L_1	L_2	L_3	L_4	L_5	样本数(n)
L_1	0.943	0.057	0.000	0.000	0.000	193
L_2	0.062	0.866	0.072	0.000	0.000	194
L_3	0.000	0.084	0.816	0.101	0.000	179
L_4	0.000	0.000	0.138	0.793	0.069	116
L_5	0.004	0.000	0.000	0.016	0.980	248
稳态分布	0.209	0.167	0.139	0.098	0.387	
$t \backslash t+5$	L_1	L_2	L_3	L_4	L_5	样本数(n)
L_1	0.840	0.160	0.000	0.000	0.000	162
L_2	0.225	0.609	0.166	0.000	0.000	169
L_3	0.012	0.191	0.531	0.210	0.056	162
L_4	0.000	0.038	0.231	0.548	0.183	104
L_5	0.000	0.005	0.014	0.038	0.943	209
稳态分布	0.248	0.171	0.114	0.085	0.382	
$t \backslash t+10$	L_1	L_2	L_3	L_4	L_5	样本数(n)
L_1	0.825	0.175	0.000	0.000	0.000	120
L_2	0.350	0.445	0.175	0.022	0.007	137
L_3	0.064	0.200	0.364	0.229	0.143	140
L_4	0.000	0.167	0.289	0.300	0.244	90
L_5	0.000	0.018	0.018	0.067	0.896	164
稳态分布	0.399	0.184	0.086	0.060	0.272	

　　表 3-1 中,对角线上的元素表示省区经济类型在 $t+i$ 年没有发生变化的概率,非对角线上的元素表示其在不同类型之间转移的概率。例如,从第 t 年和 $t+1$ 年的对比来看,1978～2008 年省区人均 GDP 低于全国人均 GDP 平均水平 56.4% 的观测值共出现了 193 次,其中 94.3% 的地区在下一年仍保持该类型不变,只有 5.7% 的地区人均 GDP 的等级上升至 68.7% 之内。根据表 3-1,可以发现 1978～2008 年中国省区经济增长分布的动态变化特点如下:

第一,根据表 3-1 中的省区经济发展水平转移概率矩阵,对角线上的转移概率都远远大于非对角线上的元素,表明人均 GDP 的分布比较稳定、地区所属经济类型的稳定性很强,组间的流动性较低,向其他经济类型转移的可能性小。对于人均 GDP 最低和最高的两个组而言,主对角线上的转移概率更高,意味着最穷和最富地区在经济增长分布中相对位置很稳定,一般不随时间变化。尤其是高水平省区,其在第 $t+1$ 年、$t+5$ 年、$t+10$ 年仍处于高经济水平的概率为 98%、94.3% 和 89.6%,向下转移的概率仅为 2%、5.7% 和 10.4%,说明发达省区经济增长存在趋同趋势,体现了经济增长类型的持续性。低水平省区在第 $t+1$ 年、$t+5$ 年、$t+10$ 年仍处于低经济水平的概率为 94.3%、84% 和 82.5%,向上转移的概率分别为 5.7%、16% 和 17.5%,表明落后省区经济增长也相对稳定。相对于低经济水平和高经济水平省区而言,中低水平和中高水平省区向上和向下转移的概率稍大,说明处于中间状态的区域经济增长状态相对不太稳定,较易向其相邻类型区域发生转移,可见中国存在低水平和高水平两个聚集区,这与前文利用 Kernel 核密度函数估计发现的中国区域经济增长的双峰趋同特征相符。

第二,随着考察间隔期的延长,区域经济发展的活跃度增加,区域增长格局类型变动较大。如低水平、较低水平、中等水平、较高水平和高水平地区在 1 年后仍处于本类型区域的概率分别为 94.3%、86.6%、81.6%、79.3% 和 98%,5 年后仍处于本类型区域的概率分别下降至 84%、60.9%、53.1%、54.8% 和 94.3%,而在 10 年后仍处于本类型区域的概率则降至 82.5%、44.5%、36.4%、30% 和 89.6%。特别是处于经济发展中间层面的地区尽管在短期内增长形态相对稳定,但在长期内则发生了很大变化,如较高经济水平地区在 10 年后仍处于本类型的概率仅为 30%,分别有 45.6% 的地区向下转移和 24.4% 的地区向上转移。其中属于较低和较高经济发展水平的地区长期来看更容易向下转移,而属于中等经济发展水平的地区向下和向上转移的概率接近,向上转移的可能性略大于向下转移的可能性。因此总体上处于我国区域经济增长的中间状态的地区将不断分化,并且多表现为向低水平区域聚集,这与前文利用 Kernel 核密度函数估计发现的中国区域经济增长主峰呈宽峰形态相一致。

第三,从稳态分布概率来看,中国区域经济增长具有极化的特征,不存在向平均水平收敛的趋势。由于稳态分布可代表区域经济发展水平分布的长期均衡状态,若稳态分布集中在全国平均水平周围,则意味着趋向均值的绝对收敛;若稳态分布分别收敛于不同的经济发展水平,可以认为区域经济增长分布演进具有的俱乐部收敛分级趋势;若各地区的经济发展水平较均匀地分布于所有的状态,则表明区域经济增长呈发散趋势。从表 3-1 中我国区域经济增长马尔可夫链的稳态分布概率来看,经济发展水平最低和最高的两组地区在稳态分布中的比例最高,而属于中间经济增长状态的地区,所占比例明显较少。随着考察间隔时期的变长,区域经济水平最低和较低地区所占比例显著增加,经济增长水平最高的地区所占比例略微下降,说明富裕俱乐部比较稳定,而中间类型地区经济增长水平倾向于向贫困地区发展,地区之间的经济增长差距具有一定持久性。

3.2.3 区域经济增长分布演进的随机核密度估计

马尔可夫链方法能够在一定程度上描述中国省区经济增长分布的动态变化,但其计算过程中对人均 GDP 序列任意离散化可能会产生估计偏差,而随机核密度估计是对随机过程中状态转换的概率密度函数的估计,可以弥补马尔可夫链分析方法的不足。

图 3-2 是中国省区相对人均 GDP 分布的随机核密度估计结果的三维图形及等高线图。其中,图形 Y 轴为第 t 年的省区相对人均 GDP,X 轴为第 $t+i(i=1,5,10)$ 年省区相对人均 GDP,垂直于 X-Y 平面的 Z 轴为随机核密度,代表在 X-Y 平面内每一点的密度(或条件概率),与 X 轴平行直线表示从 Y 轴到 X 轴上任一点的转移概率,表示从第 t 年到第 $t+i$ 年区域经济发展水平分布变化的转移概率及趋势。若随机核密度集中于沿着 X-Y 平面的正 45 度对角线上,则表明第 $t+i$ 年的省区人均 GDP 分布与第 t 年相同,未发生显著变化;若随机核密度集中在平行于 Y 轴的直线上,则表明在 $t+i$ 年所有省区的经济水平都相同,区域增长在某一经济水平出现收敛;若随机核密度集中在平行于 X 轴的直线上,则表明区域经济水平在初始的第 t 年都相同,而在第 $t+i$ 年各不相同,省区增长出现发散;若随机核密度集中于沿着 X-Y 平面的负 45 度对角线上,则表明区域经济增长格局发生突变,在初始状态(第 t 年)富裕的省区在第 $t+i$ 年变得贫困,而贫穷省区变得富裕。根据图 3-2,可以发现 1978～2008 年中国省区经济增长分布的动态变化特征。

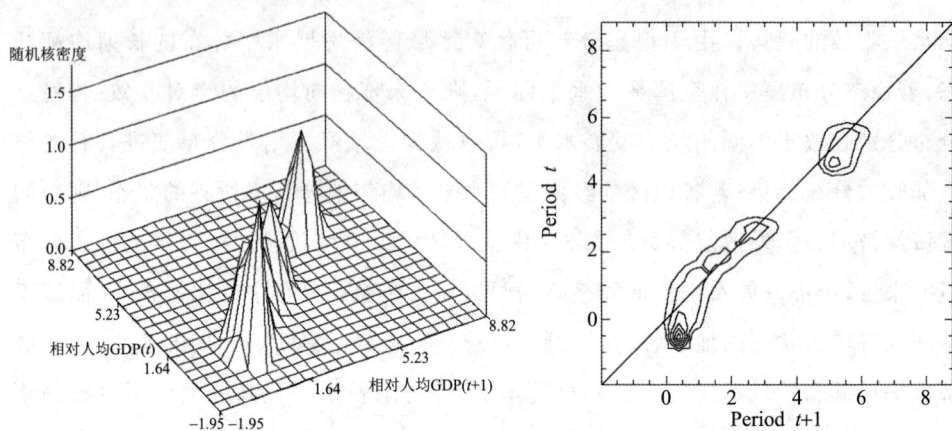

(a) 第t和t+1期中国省区人均GDP随机核密度估计三维图和等高线图

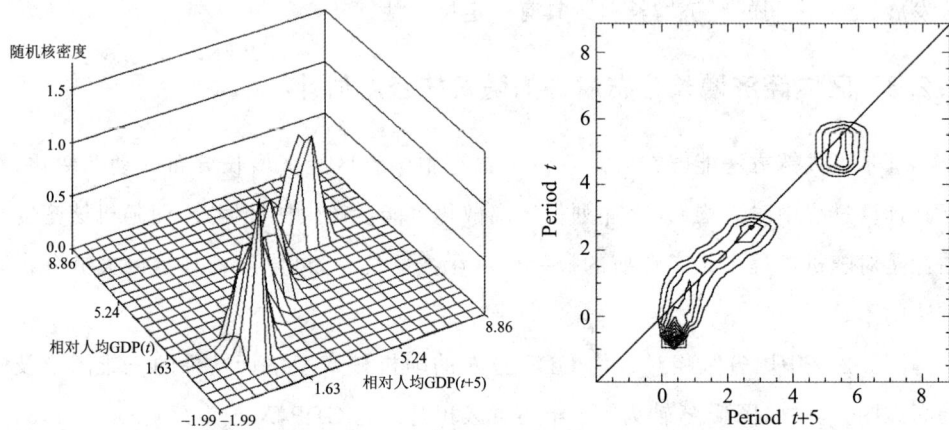

(b) 第t和t+5期中国省区人均GDP随机核密度估计三维图和等高线

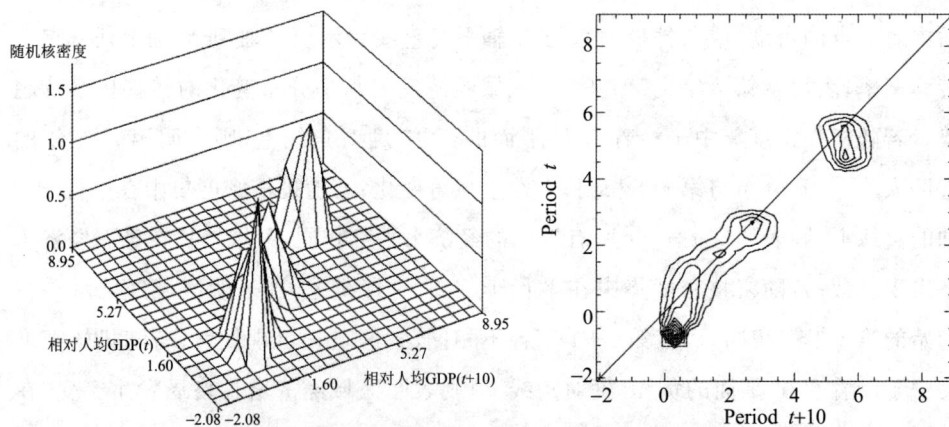

(c) 第t和t+10期中国省区人均GDP随机核密度估计三维图和等高线图

图 3-2 中国省区人均 GDP 随机核密度估计三维图和等高线图

第一,在图 3-2(a)、图 3-2(b)、图 3-2(c)中,随机核估计的概率密度都主要集中在正对角线上,表明中国区域经济水平分布格局的持久性较强,大多数地区的经济发展水平在国内所处的位置至 $t+i$ 年没有发生改变,从二维的密度等高线图中可以更加清晰地观测到这一特征,等密度线主要集中在正对角线上,这也证实了前面马尔可夫链分析的结论:区域经济增长水平的流动性差而持续性强。

第二,尽管短期内区域经济增长格局变动不大,但在较长的时期内考察,则发现中国区域经济增长呈两极分化趋势。从图形上看,整体上我国区域经济增长的随机核密度呈三个峰,第一个峰是位于 0.6 附近小于全国经济平均水平的主峰,另外两个是位于 3.0 附近和 6 附近的次峰。随着考察期的延长,发现第一个峰和第三个峰变得更加陡峭,而中间的峰则变得相对平缓,即随着时间的推移,低经济平均水平和高经济平均水平的随机核密度在增加。这表明处于经济发展中间层面的地区在长期内会逐渐向两端分化,因此总体上我国区域经济增长将呈现两极分化的趋势。例如陕西、吉林、黑龙江、辽宁等省区由原来处于中等经济水平下降到了较低经济水平的行列,山东、内蒙古等由经济水平中下水平则通过较快的发展速度进入较高区域,经济水平相对较高的上海、江苏、浙江、广东则仍在不断提高。从我国区域经济增长水平及发展趋势可以发现,1978 年至今,中国省区经济增长动态分布呈现空间聚集特征,其中东部和中部地区经济增长的收敛模式呈现由北到南的带状聚集模式,西部地区经济增长呈西北和西南的块状分布。

第三,由密度等高线图发现,在图 3-2(a)中 45 度对角线几乎将等高线平分,而在图 3-2(b)和图 3-2(c)中等高线位于 45 度线的下方偏多,表明尽管短期内落后省区经济增长并不理想,其脱离"贫困陷阱"的可能性较小;但在长期内,落后省区经济水平与全国平均水平相比,均呈上升趋势。说明随着国家区域经济均衡发展战略的实施,低水平俱乐部的整体发展水平在逐步提高,落后地区的经济发展水平得到发展,大多数地区逐渐接近全国平均水平,表明 20 世纪 90 年代末以来我国实施的区域均衡发展战略有助于落后地区脱离"贫困陷阱",这也与前文利用 Kernel 核密度函数估计的结果相一致。

3.3　区域经济增长分布的空间相关分析

1978～2008 年,我国实际 GDP 由 3645.2 亿元增加到 60189.5 亿元,实际人均 GDP 由 381 元增加到 4540.6 元,在此期间,各省份的经济总量和人均收入也呈现出显著的上升趋势。但与这种快速增长相伴随的是,中国地区间的经济增长速度与居民生活水平存在明显的差异,东部沿海地区的经济增长率在近 30 年始终高于中、西部地区。为了能够较为全面地反映我国现阶段各地区的经济发展状况,以及各地区在经济发展过程中所呈现出的不同变化规律和运行特征,就需要对我国各省份间经济发展水平的差异程度和空间分布特征进行定量分析,并研究我国的地区经济增长模式是否具有收敛性特征。

3.3.1　全局空间相关性分析

1.基于省级空间尺度的全局空间相关性分析

我们考察了 1978～2008 年各省绝对人均 GDP(1978 年为基数)和相对人均 GDP 两个变量的全局空间相关性,表 3-2 和表 3-3 列出了相应的 Moran's I 检验结果,表中 W_{R1}、W_{R2}、W_d 分别代表基于一阶、二阶标准化的 Rook 相邻矩阵和距离倒数平方的权重矩阵计算所得的 Moran's I 指数。

从表 3-2 可以看出,区域经济增长区域自相关系数 Moran's I 均大于 0,并且绝大多数都通过了 5‰显著性水平的检验,表明我国的 31 个省级行政区之间,以真实人均 GDP 代表的区域经济发展水平在空间分布上具有明显的正自相关关系和空间依赖性。区域经济发展水平较高的地区趋于和高水平地区相靠近,区域经济增长较低的地区趋于和低水平地区相邻,说明人均 GDP 在空间上集聚分布,这可能意味着区域外溢显著存在。表 3-2 还表明,基于二阶相邻的 Moran's I 统计量值明显减小,而且显著性水平也降低了,意味着省区之间的溢出效应随距离衰减,区域外溢的作用范围是有限的。

表 3-2　省级空间尺度上人均 GDP 的 Moran's *I* 检验

年份	Moran's *I*（P. Value）		
	W_{R1}	W_{R2}	W_d
1978	0.127(0.088)	0.009(0.255)	0.022(0.224)
1983	0.154(0.057)	0.022(0.193)	0.035(0.172)
1988	0.210(0.020)	0.051(0.093)	0.077(0.063)
1993	0.260(0.007)	0.083(0.035)	0.104(0.029)
1998	0.292(0.003)	0.107(0.014)	0.138(0.009)
2003	0.334(0.001)	0.129(0.006)	0.168(0.003)
2008	0.353(0.001)	0.157(0.002)	0.192(0.001)

注：①计算及检验结果是使用 STARS：Space-Time Analysis of Regional Systems 软件计算，下同。

②表中括号外的数字为 Moran's *I* 统计量值，括号内的数字为显著性水平。

对 1978～2008 年间基于三种不同权重矩阵基础上测算的省级经济增长 Moran's *I* 指数进行绘图，可以观察我国区域经济增长空间相关关系随时间变动的情况，如图 3-3。由表 3-2 和图 3-3 可以发现，随着时间的推移，我国的地区经济增长的 Moran's *I* 指数越来越大，其显著性水平也逐渐增强，虽然在 20 世纪 80 年代末和 90 年代初略有波动，但整体发展趋势非常明显，表明我国区域经济发展水平的正自相关关系和空间依赖性不断加强。但是，2003 年以来 Moran's *I* 指数增长速度趋缓，表明近年来在我国区域均衡发展战略下，区域经济增长的空间聚集有所缓解。同时还可以看到，三种不同类型权重矩阵计算得到的 Moran's *I* 统计量具有十分类似的波动形态，表明空间权重矩阵的设置方式对 Moran's *I* 指数变化趋势的影响不大，本研究的计算结果具有较强的稳定性。

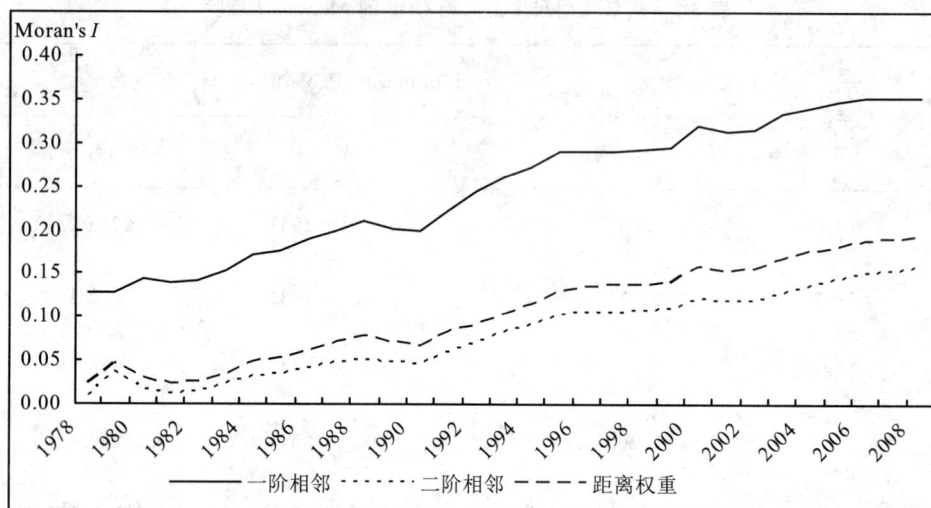

图 3-3　不同空间权重矩阵下的 Moran's I 指数计算结果

2. 基于地级空间尺度的全局空间相关性分析

本书基于地市级空间尺度的地理分析单元共 289 个,考察期为 1994～2007年,使用类似的方法,对我国地级尺度上经济增长的空间相关关系进行了 Moran's I 检验。结果如表 3-3 所示。

表 3-3　地级空间尺度上人均 GDP 的 Moran's I 检验

年份	Moran's I（P. Value）		
	W_{R1}	W_{R2}	W_{R3}
1994	0.1479(0.004)	0.0787(0.004)	0.0487(0.004)
1996	0.1668(0.005)	0.0853(0.002)	0.0536(0.005)
1998	0.2418(0.001)	0.1427(0.001)	0.895(0.001)
2000	0.2604(0.001)	0.1546(0.001)	0.954(0.001)
2002	0.2851(0.001)	0.1695(0.001)	0.1046(0.001)
2004	0.3254(0.001)	0.1893(0.001)	0.1172(0.001)
2006	0.3707(0.001)	0.2008(0.001)	0.1242(0.001)
2007	0.3917(0.001)	0.2133(0.001)	0.1322(0.001)

表 3-3 列出了 1994~2007 年地级空间尺度上人均 GDP（当年价格）的 Moran's I 指数及其检验结果。可以发现，在地区级经济层面上，不仅基于一阶空间权重矩阵测算的相关性在 1‰ 的水平上显著，而且基于二阶权重矩阵和三阶权重矩阵的 Moran's I 也在 1‰ 的水平上显著，这表明，我国地市级空间尺度上的区域经济发展表现出了更加显著的空间集聚特征，同时 Moran's I 统计量值随相邻阶数的增加而逐渐下降，但某一地区的经济增长不仅受到其周围相邻地市的影响，而且受到"邻区的邻区"甚至"邻区的邻区的邻区"的影响。

3.3.2 局部空间相关性分析

1. 基于省级尺度的局部空间相关性分析

根据公式（3-4）对 1978、1988、1998 和 2004 年我国各省区人均 GDP 局部 Moran's I 统计量进行计算，并根据计算结果将我国各省经济增长的空间分布情况划分为"高高（HH）""低低（LL）""低高（LH）"和"高低（HL）"四种类型。若某一省区的局部 Moran's I 统计量高于全国均值且与其相邻省区的 Moran's I 统计量也高于全国均值，则其分布类型属于"高高"，若该省的局部 Moran's I 统计量高于全国均值而与其相邻省区的 Moran's I 统计量却低于全国均值，则其分布类型属于"高低"，其余分类以此类推。我国省区经济增长的空间分布类型如表 3-4 和图 3-4 所示。

表 3-4 我国区域经济增长类型的空间分布

	HH	HL	LH	LL
1978	北京、天津	辽宁、黑龙江、上海	河北、吉林、江苏、浙江	其他
1988	北京、天津、上海江苏、浙江	辽宁、广东	河北、吉林、海南	其他
1998	北京、天津、上海江苏、浙江、福建	辽宁、广东	河北、海南	其他
2008	北京、天津、上海江苏、浙江、福建	辽宁、广东、内蒙古、山东	河北、海南、吉林、黑龙江、安徽	其他

在表 3-4 中可以发现，整体来看，我国区域经济增长分布中属于 HH 和 LL 种类的最多，尤其是我国大多数省区经济增长都呈现出 LL 聚集分布的特征，这与全

局空间正相关是一致的。在 1978 年,我国绝大多数地区(22 个省区)属于 LL 聚集,4 个省区为 LH 分布,除位于东部的北京、天津、辽宁、黑龙江和上海之外,其他省区都属低经济水平地区,东北地区的吉林省与辽宁、黑龙江相比,在经济总量、产业结构、对外开放度等方面都相对落后,因此,吉林落入第二象限之列。到了 1988 年,经济发展水平高的地区数由 5 个增加至 7 个,新增江苏、浙江和广东,且上海、浙江、江苏进入到 HH 区域,这些地区的迅速崛起,有其自身地理位置优越、政府倾斜政策等有利条件的倚靠,但也与和发达省市相邻获得空间溢出效应密不可分,尤其是江苏和浙江在上海的溢出和带动下,表现出良好的发展势头。广东省经济发展的突飞猛进,但与之相邻的广西、湖南、江西的经济水平仍不高,故表现为空间上的负相关性。东北地区的黑龙江省下滑至 LL 区域,1978 年改革开放刚起步的时候,东北三省作为新中国工业的摇篮,既是我国重化工业的重要基地,也是重要的农副产品生产基地,因此黑龙江的经济水平位于全国前列,但在改革开放进程中,东北老工业基地企业设备和技术老化,资源型城市主导产业衰退,经济发展相对缓慢,被沿海发达地区超越。1998 年的情况来看,福建省进入 HH 聚集区域,其他省区变化相对较小。2008 年的情况则出现了较大的变动,其中内蒙古和山东进入经济发展高水平区域,且显著高于其周围地区的发展水平。海南、安徽、吉林和黑龙江的经济发展水平为 LH 类型,说明这些地区的周围地区的经济水平提高了。

从图 3-4 我国 Moran 散点地图可以看出,中国省区经济表现出了明显的集聚与不平衡发展的空间格局。人均 GDP 水平相似的地区倾向于在空间上邻近,高水平地区(HH 和 HL)几乎全部聚集在东部沿海,在地图上呈现为由南到北的带状形态;人均 GDP 较低的地区(LL 和 LH)则主要分布于广大中西部地区,并且这种分布具有空间和时间上的连续性。从时间演进趋势来看,改革开放 30 年来,我国四类经济相关性地区明显呈块状分布,且不同梯度经济水平地区在空间分布上依次由东到西呈连续性而非跳跃性布局,东部省市间的空间溢出或辐射使得 HH 型省市由 1978 年的零星分布变为 2008 年在东部沿海地区的连续带状分布,成为我国高经济水平的聚集区。但中西部经济发展水平低,尤其是西部地区,有落入贫困性陷阱的趋势。整体而言,我国形成了富裕地区和贫困地区两个集聚区。

为进一步分析改革开放 30 年来我国区域经济增长空间布局的变动情况,对

1978～2008 年省级区域局部空间相关性的动态变化情况进行统计,如表 3-5 所示,表中的数据表示由一个状态转换为另一个状态的地区数。

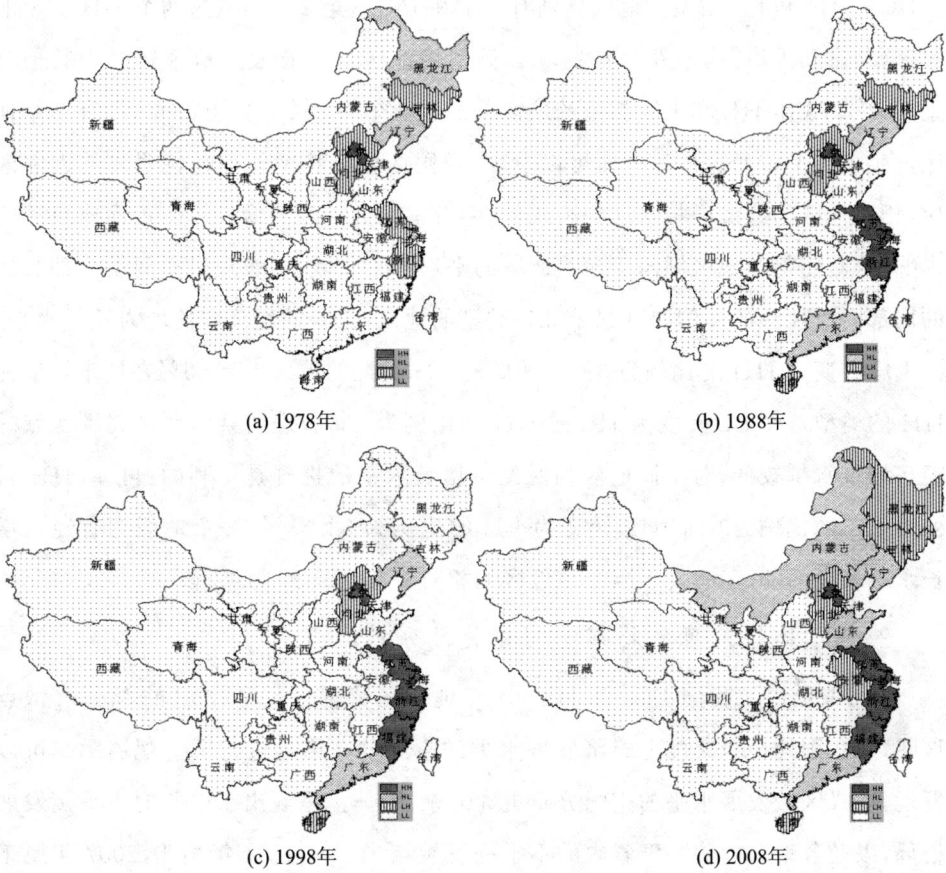

(a) 1978年

(b) 1988年

(c) 1998年

(d) 2008年

图 3-4 我国省级区域人均 GDP 的 Moran 散点地图

表 3-5 1978～2008 年省级区域局部空间相关性的动态变化

期初数	期初/期末	HH	LL	HL	LH
2	HH	2	0	0	0
22	LL	1	16	3	2
3	HL	1	0	1	1
4	LH	2	0	0	2
期末数		6	16	4	5

在表 3-5 中可以发现,一方面 HH 和 LL 类型的地区比较稳定,而 HL 和 LH 类型的地区发生转变的可能性较大,说明后两类地区具有过渡区的属性。例如,1978 年 HH 和 LL 类型的地区分别有 2 个和 16 个,至 2008 年,这两个 HH 类型的地区(北京和天津)均未发生转变,LL 类型的地区也仅有 6 个地区转变为其他类型。而 1978 年 HL 和 LH 类型的地区分别有 3 个和 4 个,至 2008 年,各有 2 个地区发生了类型转变。另一方面可以发现,我国区域经济增长存在较明显的近邻效应,相邻地区的经济增长水平的高或低,会对本地区的经济增长产生正面或负面的影响,从而使得各地区倾向于向本区域的平均水平收敛,即表现出空间俱乐部收敛的局部同质性特征。例如,LH 和 LL 类型的地区,二者的经济增长均为较低水平,但 LH 转变为 HH 的比例为 50%(即期初 LH 类型的地区中有 50%在期末转变为 HH 的类型),而 LL 转变为 HL 或 HH 的比例为 18%,表明某一地区周围区域的经济增长水平较低,对于该地区相对经济增长水平的提升是不利的;再如,HH 转变为 LH 的比例为 0,而 HL 转变为 LH 的比例为 33.33%,一个地区拥有经济增长水平较高的邻区,有助于阻止该地区的相对经济增长水平的下降。

2.基于地级尺度的局部空间相关性分析

图 3-5 绘出了我国 1994 年和 2007 年地级区域层面人均 GDP 的 Moran 散点地图,对我国地市级尺度上经济发展水平的空间分布格局进行了直观展示。可以发现,地级区域发展水平的空间分布更为复杂,整体上呈现出东中西的不平衡发展格局,以及各地区内部甚至省内的不平衡发展格局。与 1994 年相比,2007 年属于 HH 和 LL 类型的地区增多,分别由 1997 年的 47 个和 176 个增加至 52 个和 182 个,空间集聚特征更加明显,且增加 HH 类型的地区主要集中在东部沿海,使得东部沿海的高发展水平聚集更为显著。中西部属于 HL 类型的地区多为省会城市、资源型或工业型城市。在地级空间尺度上 HL 和 LH 类型的地区较稳定,过渡区特征并不明显。

为进一步分析我国地区层面上经济增长空间布局的变动情况,对 1994~2007 年地市级区域局部空间相关性的动态变化情况进行统计,如表 3-6 所示。

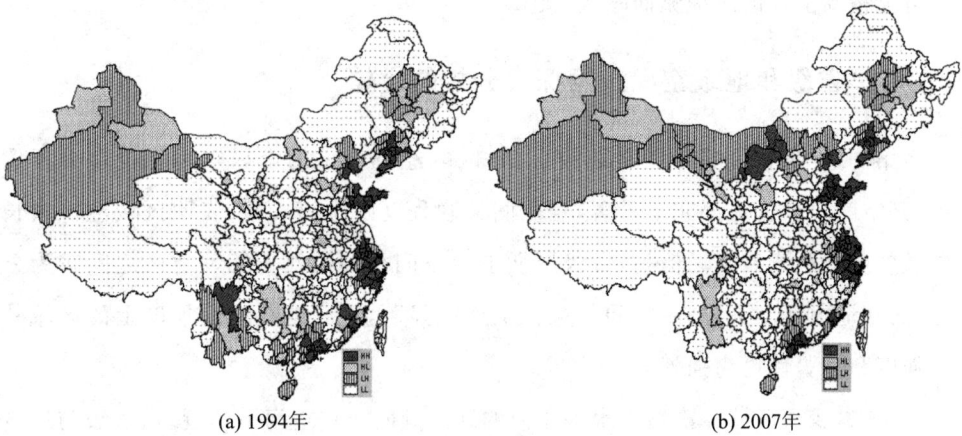

(a) 1994年　　　　　　　　　　　　　　(b) 2007年

图 3-5　地级区域尺度上人均 GDP 的 Moran 散点地图

表 3-6　1994—2007 年地级区域经济增长局部相关性的动态变化

期初数	期初\期末	HH	LL	HL	LH
47	HH	42	2	2	1
176	LL	4	159	6	7
36	HL	4	13	19	0
30	LH	2	8	0	20
	期末数	52	182	27	28

从表 3-6 可以发现,一方面地市级区域经济增长的动态变化与省级区域局部空间相关性的动态变化类似,HH 和 LL 类型的地区很稳定,而 HL 和 LH 类型的地区,发生类型转变的可能性较大,但 LH 类型的地区要相对稳定一些。另一方面,局部空间相关性的动态变化同样表现出了明显的区域外溢,近邻效应显著影响区域经济增长,空间俱乐部收敛的特征更加明显。例如,LH 类型的地区转变为HH 或 HL 的概率要高于 LL 地区,其原因在于 LH 类型地区邻近发达区域,易于接受发达地区的经济增长外溢,从而经济增长水平较易提升,而对于 LL 类型的地区而言,摆脱贫困陷阱的难度更为艰巨。数据还表明,HL 类型地区陷入贫困状态的概率为 36％,表明即使自身经济发展水平较高,但若与贫困地区相邻,则会有较

大可能被周围地区所拖累而陷入贫困。

3.3.3 省级和地级空间数据探索分析的比较

第一,无论省级层面还是地级层面,区域经济增长的全局空间相关性分析发现,其空间集聚特征都非常显著,且空间关联程度随距离衰减,表明区域经济增长外溢效应随距离衰减。但是,省级层面上的空间相关仅在于相邻地区之间较为显著,而在地级尺度上,高阶空间相关性仍然很显著,表明地级空间尺度上的区域外溢强度和显著性更为强烈。

第二,我国区域经济增长水平相似的地区倾向于在空间上邻近,从省级与地级层面的经济增长来看,都表现出不平衡发展的空间分布格局,东部沿海为经济增长高水平的聚集区,西部广大区域则多表现为低水平聚集,整体而言,我国形成了富裕地区和贫困地区两个集聚区。并且这种分布具有空间和时间上的连续性。

第三,动态来看,根据我国区域局部相关性的演进趋势,表明一个地区的经济增长明显受相邻地区的影响,区域外溢和近邻效应,使得区域经济发展趋向空间俱乐部收敛。其中 HH 和 LL 类型的地区都比较稳定,而 HL 和 LH 类型的地区则具有过渡性质,某一地区周围区域的经济增长水平较低,不利于该地区经济增长水平的提升,而一个地区拥有经济增长水平较高的邻区,有助于阻止该地区的相对经济增长水平下降。在地级空间尺度上,HL 类型的地区要相对稳定一些。

3.4 引入空间因素的区域经济增长时空演进规律分析

从中国区域经济发展格局和趋势来看,区域经济发展集聚意味着地区之间存在一定程度的相互作用,某一地区经济发展速度、发展状态转移概率可能会受到其他地区,尤其是相邻地区的影响,即区域经济发展水平转移概率存在空间相关性。因此本书明确把空间因素引入区域经济增长时空演进的分析框架,在传统的马尔可夫转移矩阵和核密度估计方法中引入空间因素,考察地理空间效应对中国区域经济增长演进的影响。

3.4.1 引入空间因素的马尔可夫链分析

传统马尔可夫链分析不能解释一个地区经济水平向上或向下转移的概率受何因素影响,例如具有相同经济水平的地区缘何向相异的方向演进,某一地区高经济水平地位不断巩固或陷入"贫困陷阱"的原因为何等。这些问题实质上与空间因素相关,这里运用空间马尔可夫链分析方法考察中国省区经济增长的动态分布。采用与前面马尔可夫分析相同的经济增长状态划分方法,将初始年份相邻地区人均GDP(空间滞后项)细分为 5 组,分别用 L_1、L_2、L_3、L_4、L_5 代表低水平地区、较低水平地区、中等水平地区、较高水平地区和高水平地区,这样传统的马尔可夫转移概率矩阵被分解为 5 个以空间滞后项为条件的空间马尔可夫转移矩阵。其中,若某一地区空间滞后项属于 s 组,其由第 i 组转变为第 j 组的概率可以表示为 $m_{ij}(s)$。若存在显著的空间效应,则传统马尔可夫转移矩阵与空间马尔可夫转移矩阵将会存在明显差异,即 $m_{ij}(s) \neq m_{ij}$,否则 $m_{ij}(s) = m_{ij}$。

使用 STARS(Space-Time Analysis of Regional Systems)软件进行计算,并在表 3-7 给出了中国相对人均 GDP 的空间马尔可夫转移概率矩阵,可以发现其与表 3-1 中传统马尔可夫矩阵估计结果既有相似之处也有独特之处,具体如下:

第一,与传统马尔可夫转移概率矩阵计算结果类似,空间马尔可夫转移概率矩阵主对角线上的元素相对较大,而非主对角线上的元素较小,这也表明省区经济增长分布具有稳定性和持久性。同时也可以发现,短期内区域间经济增长状态相对稳定,区域增长差距变动不大,但长期内则相对较为活跃,处于中等发展水平的地区呈现向两端分化的趋势。

第二,我国区域经济增长的近邻效应较为显著,某区域相邻地区经济发展水平较高,对该地区经济增长状态转移会产生积极的影响;相反,与较低发展水平的地区相邻,则会对该地区的经济增长不利。例如,较低经济水平地区若与中等经济水平地区相邻,则其在经过 1 年、5 年和 10 年后经济发展状态向上转移的概率分别为 0.083、0.106 和 0.140;若其与较高经济水平地区相邻,则经济发展状态向上转移的概率分别为 0.059、0.191 和 0.167;若其与高经济水平地区相邻,则经济发展状态向上转移的概率将分别增加至 0.167、0.333 和 0.334,即随着相邻地区经济水平

表3-7 1978—2008年全国相对人均GDP空间马尔可夫转移概率矩阵

Lag	t	t+1					t+5					t+10				
		L1	L2	L3	L4	L5	L1	L2	L3	L4	L5	L1	L2	L3	L4	L5
L1	L1	1.000	0.000	0.000	0.000	0.000	1.000	0.000	0.000	0.000	0.000	1.000	0.000	0.000	0.000	0.000
L1	L2	0.000	0.000	0.000	0.000	0.000	0.000	0.000	0.000	0.000	0.000	0.000	0.000	0.000	0.000	0.000
L1	L3	0.000	0.000	0.000	0.000	0.000	0.000	0.000	0.000	0.000	0.000	0.000	0.000	0.000	0.000	0.000
L1	L4	0.000	0.000	0.000	0.000	0.000	0.000	0.000	0.000	0.000	0.000	0.000	0.000	0.000	0.000	0.000
L1	L5	0.000	0.000	0.000	0.000	0.000	0.000	0.000	0.000	0.000	0.000	0.000	0.000	0.000	0.000	0.000
L2	L1	0.952	0.048	0.000	0.000	0.000	0.860	0.140	0.000	0.000	0.000	0.872	0.128	0.000	0.000	0.000
L2	L2	0.038	0.925	0.038	0.000	0.000	0.122	0.732	0.146	0.000	0.000	0.160	0.560	0.280	0.000	0.000
L2	L3	0.000	0.032	0.903	0.065	0.000	0.000	0.214	0.643	0.143	0.000	0.111	0.111	0.611	0.111	0.056
L2	L4	0.000	0.000	0.222	0.667	0.111	0.000	0.000	0.625	0.125	0.250	0.000	0.125	0.500	0.000	0.375
L2	L5	0.000	0.000	0.000	0.000	1.000	0.000	0.000	0.000	0.000	1.000	0.000	0.000	0.000	0.000	1.000
L3	L1	0.980	0.020	0.000	0.000	0.000	0.952	0.048	0.000	0.000	0.000	0.931	0.069	0.000	0.000	0.000
L3	L2	0.069	0.847	0.083	0.000	0.000	0.273	0.621	0.106	0.000	0.000	0.439	0.421	0.140	0.000	0.000
L3	L3	0.000	0.188	0.708	0.104	0.000	0.063	0.354	0.479	0.104	0.000	0.130	0.370	0.500	0.000	0.000
L3	L4	0.000	0.000	0.263	0.684	0.053	0.000	0.105	0.368	0.368	0.158	0.000	0.474	0.316	0.000	0.211
L3	L5	0.000	0.000	0.000	0.048	0.952	0.000	0.000	0.118	0.000	0.882	0.000	0.167	0.000	0.000	0.833
L4	L1	0.625	0.313	0.000	0.000	0.063	0.231	0.769	0.000	0.000	0.000	0.385	0.615	0.000	0.000	0.000
L4	L2	0.059	0.882	0.059	0.000	0.000	0.106	0.702	0.191	0.000	0.000	0.286	0.548	0.119	0.024	0.024
L4	L3	0.000	0.071	0.810	0.119	0.000	0.000	0.211	0.395	0.289	0.105	0.088	0.206	0.118	0.353	0.235
L4	L4	0.000	0.000	0.185	0.741	0.074	0.000	0.000	0.200	0.600	0.200	0.000	0.158	0.211	0.316	0.316
L4	L5	0.025	0.000	0.000	0.025	0.950	0.025	0.028	0.007	0.056	0.917	0.000	0.032	0.000	0.129	0.839
L5	L1	0.929	0.071	0.000	0.000	0.000	0.783	0.217	0.000	0.000	0.000	0.692	0.308	0.000	0.000	0.000
L5	L2	0.167	0.667	0.167	0.000	0.000	0.600	0.067	0.333	0.000	0.000	0.467	0.200	0.267	0.067	0.000
L5	L3	0.000	0.016	0.891	0.078	0.016	0.000	0.000	0.655	0.259	0.086	0.000	0.000	0.440	0.340	0.220
L5	L4	0.000	0.000	0.056	0.889	0.056	0.000	0.000	0.178	0.622	0.200	0.000	0.000	0.237	0.526	0.237
L5	L5	0.000	0.000	0.000	0.011	0.989	0.000	0.000	0.007	0.039	0.954	0.000	0.000	0.025	0.059	0.915

的增高、考察期的延长,该地区的经济增长向上转移的概率逐渐增大。另外,若经济增长中等水平地区与经济水平较低地区相邻,则其经济发展水平在 5 年后向上和向下转移的概率分别为 0.143 和 0.214;若是经济增长较高水平地区与经济水平较低地区相邻,则其经济发展水平在 5 年后向上和向下转移的概率分别为 0.250 和 0.625,均表明与经济发展水平较低地区相邻不利于本地区的经济增长水平的提升。

第三,经济发展水平较为接近地区的空间相互作用更为显著,而对于经济发展水平相差悬殊的地区,即使相邻也不会产生太大的相互作用。这突出地表现为较低经济发展水平、中等发展水平和较高经济发展水平地区之间存在较强的空间效应,因此对于经济发展水平中等的地区来讲,其若与经济发展水平较低地区相邻,则很容易下滑至较低水平区间,若与较高地区相邻则易成长为经济发展较高水平地区,这在一定程度上解释了为什么中等经济发展水平的地区经济增长水平较易变动,而且为何会出现向相反方向演进的现象。一旦相邻地区之间经济发展水平落差较大,如低发展水平即使与高发展地区相邻,其经济发展水平向上转移的概率也不会因此而显著增大;而高水平地区即使与低水平地区或较低水平地区相邻,其向下转移的可能性也不会显著增加。这表明高水平地区与中等经济水平地区相邻,会发挥辐射带动效应,如上海地区带动周边的江苏、浙江等省区一起增长;而高水平地区与低发展水平地区相邻,则辐射作用有限,甚至会产生"虹吸效应"而不利于周边落后地区的经济增长,如广东省虽与广西、江西等省区相邻,但并未能有效带动它们的经济增长。

第四,空间条件的马尔可夫转移概率矩阵与传统马尔可夫转移概率矩阵存在显著差异。为了检验转移概率是否受空间滞后项的影响,这里使用 $Q^{(M)}$ 和 $LR^{(M)}$ 统计量检验 $m_{ij}(s)$ 与 m_{ij} 是否相等,把时期分组 t 变为空间滞后项分组 s,统计量计算公式如(3-10)和(3-11)所示(具体方法可参阅张馨之、龙志和:《中国区域经济发展水平的探索性空间数据分析》,《宁夏大学学报(人文社会科学版)》,2006(6):109-112,这里不再赘述),计算结果见表3-8。

$$Q^{(M)} = \sum_{m=1}^{M} \sum_{i=1}^{N} \sum_{j \in A_i} n_{i|m} \frac{(p_{ij|m} - p_{ij})}{p_{ij}} \sim asy\chi^2 \left(\sum_{i=1}^{N} (a_i - 1)(b_i - 1) \right) \quad (3\text{-}10)$$

$$LR^{(M)} = 2\sum_{m=1}^{M}\sum_{i=1}^{N}\sum_{j\in A_{i|m}} n_{ij|m}\ln\frac{p_{ij|m}}{p_{ij}} \sim asy\chi^2(\sum_{i=1}^{N}(a_i-1)(b_i-1)) \quad (3-11)$$

表 3-8 空间滞后项影响的显著性检验结果

原假设 H_0	$Q^{(M)}$ 统计量值	$LR^{(M)}$ 统计量值	p-value
$m_{ij}(s)=m_{ij}$	107.36		0.000
$m_{ij}(s)=m_{ij}$		83.02	0.000

表 3-8 的检验结果表明,$Q^{(M)}$ 和 $LR^{(M)}$ 统计量都显著拒绝了 $m_{ij}(s)=m_{ij}$ 的原假设,说明空间滞后项对马尔可夫转移概率矩阵影响显著,即某一地区的相邻区域的经济发展水平显著地影响当地经济增长状态的转移。

3.4.2 区域经济增长的 Local Moran 转移概率矩阵分析

为进一步揭示空间效应在区域经济增长动态演进中的作用效果,在 3.2.2 节局部空间相关性分析的基础上,进一步引入 Local Moran 转移概率矩阵对我国区域经济增长的局部空间关系的动态转换进行分析。利用 3.2.2 节的方法,将我国各省经济增长的空间分布情况划分为"高高(HH)""低低(LL)""低高(LH)"和"高低(HL)"四种类型。若某一省区的局部 Moran's I 统计量高于全国均值且与其相邻省区的 Moran's I 统计量也高于全国均值,则其分布类型属于"高高",若该省的局部 Moran's I 统计量高于全国均值而与其相邻省区的 Moran's I 统计量却低于全国均值,则其分布类型属于"高低",其余分类以此类推。使用 STARS 软件分别计算出各种类型的地区在第 $t+1$ 年、$t+10$ 年和 $t+20$ 年的转移概率如表 3-9 所示。

表 3-9 中国区域经济增长的 Local Moran 转移概率矩阵

$t\backslash t+1$	HH	LH	LL	HL
HH	0.993	0.007	0.000	0.000
LH	0.043	0.946	0.011	0.000
LL	0.000	0.008	0.982	0.010
HL	0.012	0.000	0.048	0.940

续表

$t\backslash t+10$	HH	LH	LL	HL
稳态分布	0.746	0.114	0.120	0.020
HH	0.989	0.011	0.000	0.000
LH	0.250	0.594	0.156	0.000
LL	0.014	0.061	0.875	0.050
HL	0.127	0.000	0.218	0.655
稳态分布	0.904	0.033	0.055	0.008
$t\backslash t+20$	HH	LH	LL	HL
HH	1.000	0.000	0.000	0.000
LH	0.314	0.486	0.200	0.000
LL	0.046	0.080	0.781	0.093
HL	0.219	0.000	0.375	0.406
稳态分布	1.000	0.000	0.000	0.000

在表 3-9 中可以发现,一方面对角线上的转移概率较大,即一个地区属于某一种类型,则其在下一阶段仍属于该类型的概率较高,这与前面空间马尔可夫概率转移矩阵的结果相一致。同时发现,HH 和 LL 类型的地区保持稳定的概率较大,而HL 和 LH 类型的地区发生转变的可能性较大,说明后两类地区具有过渡区的属性。例如,HL 型地区在 1 年后仍为该类型的概率为 0.940,而在 10 年和 20 年后仍属于该类型的概率则降为 0.655 和 0.406。另一方面由表 3-9 同样可以发现区域经济增长的近邻效应,例如,LH 和 LL 类型代表低经济水平地区分别与高水平地区和低水平地区相邻,但 LH 在 1 年、10 年和 20 年后转变为 HH 的概率为0.043、0.250 和 0.314,而 LL 转变为 HL 或 HH 的概率为 0.010、0.064 和 0.139,证明某一地区周围区域的经济增长水平较低,对于该地区相对经济增长水平的提升不利。再如,HL 在 1 年、10 年和 20 年后转变为 LH 或 LL 的概率为 0.048、0.218 和 0.375,而 HH 转变为 LH 或 LL 类型的概率则为 0.007、0.011 和 0.000,表明一个地区拥有经济增长水平较高的邻区,有助于阻止该地区的相对经济增长水平下降。相邻地区的经济增长水平的高或低,会对本地区的经济增长产生正面

或负面的影响,从而使得各地区倾向于向本区域的平均水平收敛,即表现出空间俱乐部收敛的局部同质性特征。值得注意的是,从区域经济增长 Local Moran 概率稳态分布的发展趋势来看,最终我国区域经济格局将收敛于 HH 状态,说明在经过较长时期的发展之后,全国区域经济发展最终将走向"共同富裕"。

3.4.3 区域经济增长空间条件随机核密度估计分析

为考察我国区域经济增长动态演进中空间效应或空间溢出因素的影响,本书利用空间条件随机核密度估计方法,进一步考察区域经济增长的收敛模式。在随机核密度估计三维图形中,Y 轴代表各省区的相对人均 GDP 水平,X 轴代表其相邻地区的相对人均 GDP 水平,由该省人均 GDP 与其相邻省区人均 GDP 均值之比计算得到。因此若在区域经济增长动态演进中仍受到空间因素的影响,即各地区经济增长倾向于向本区域的平均水平收敛,如富裕地区倾向于向富裕地区接近,贫困区域倾向于向贫困区域靠拢,那么随机核密度将会主要集中于 X 轴取值在 1 的附近且平行于 Y 轴的直线上,反之则表明区域经济增长的空间作用不大。

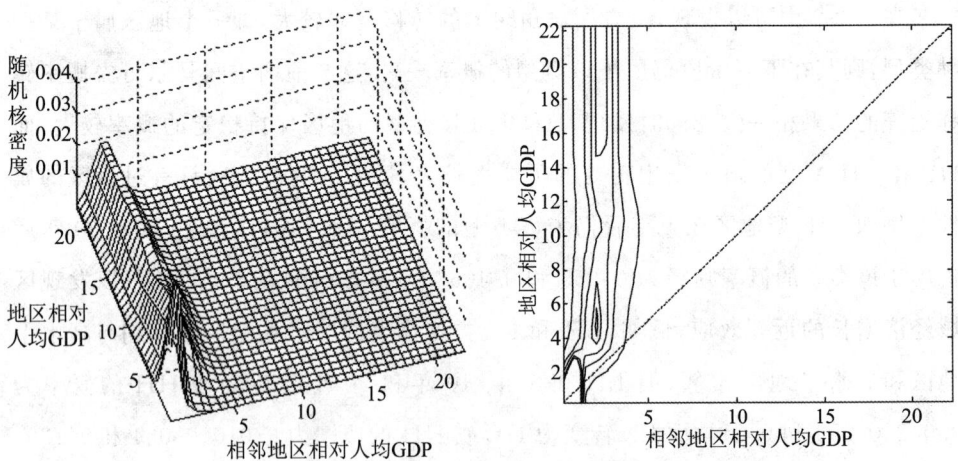

图 3-6　中国区域经济增长空间条件随机核密度图及等高线图

根据图 3-6 可以发现,我国区域经济增长空间条件的随机核密度主要集中在 X 轴上取值为 1 附近且平行于 Y 轴的直线上,说明大多数省区的经济增长水平与相邻地区的经济水平密切相关,多数属于同一经济水平区间,这不仅与前面 Moran

散点地图得到的结果相一致,也同时表明了省区相对人均GDP分布的持续性占主导地位。空间条件的随机核密度估计揭示了区域经济增长格局分布的动态特征,中国区域经济在动态发展演化中呈现出特定的空间聚集特征,是影响我国区域经济格局发展趋势的重要因素。

3.5 本章小结

使用20世纪90年代最新发展的分布动态方法,对我国区域经济增长的形状和分布特征随时间的演变规律进行了分析探究。通过核密度图描述了中国省区经济增长分布的动态形状,发现中国大多数省区的经济水平都低于全国平均水平,且大多数地区在分布中的相对位置倾向于保持不变即持久性;同时改革开放以来,中国省区经济增长的分布形态经历了多极化—收敛—发散—双峰趋同的变化过程。其中,俱乐部收敛省区内部的经济发展差距有所扩大,俱乐部间的发展差距经历了缩小—扩大—缩小的过程,其主导因素先后表现为高水平俱乐部向低水平俱乐部靠拢、两极分化、低水平俱乐部向高水平俱乐部靠拢的过程。利用马尔可夫链法分析中国省区经济增长的演进规律和收敛模式,发现最穷和最富地区在经济增长分布中相对位置很稳定,一般不随时间变化,而处于中间状态的区域经济增长状态相对不太稳定,较易向其相邻类型区域发生转移,并且随着考察间隔期的延长,区域经济发展的活跃度增加,区域增长格局类型变动较大。使用当前较为先进的随机核密度估计方法结合三维图形和等高线图分析,可以弥补马尔可夫转移矩阵计算过程中对人均GDP序列任意离散化产生的估计偏差,结果亦表明中国区域经济水平分布格局的流动性差而持续性强,短期内区域经济增长格局变动不大;但在较长的时期内考察发现,落后省区经济水平与全国平均水平相比,均呈上升趋势,说明随着国家区域经济均衡发展战略的实施,低水平俱乐部的整体发展水平在逐步提高,落后地区的经济得到发展,大多数地区逐渐接近全国平均水平,表明20世纪90年代末以来,我国实施的区域均衡发展战略有助于落后地区脱离"贫困陷阱"。

基于省级和地市级两个层面,对区域经济增长的全局空间相关性分析发现,无论省级层面还是地级层面,其空间集聚特征都非常显著,且空间关联程度随距离衰减,表明区域经济增长外溢效应随距离衰减,同时地级空间尺度上的区域外溢强度和显著性更为强烈。我国区域经济增长水平相似的地区倾向于在空间上相邻,形成了富裕地区和贫困地区两个集聚区,并且这种分布具有空间和时间上的连续性。某一地区周围区域的经济增长水平较低,不利于该地区经济增长水平的提升,而一个地区拥有经济增长水平较高的相邻区域,有助于阻止该地区的相对经济增长水平下降。区域外溢和近邻效应,使得区域经济发展趋向空间俱乐部收敛。

进一步在分析框架中明确引入空间因素,运用空间马尔可夫链方法和空间条件的随机核密度估计,考察地理空间效应对中国区域经济增长演进的影响,结果表明区域经济增长格局分布演进明显受空间因素的影响,近邻效应显著,拥有富裕邻区的地区向较高收入水平演进的概率较大,使得区域经济增长表现出了局部性的空间俱乐部收敛特征。空间马尔可夫转移矩阵的分析结果表明,经济发展水平较为接近地区的空间相互作用更为显著,而对于经济发展水平相差悬殊的地区,即使相邻也不会产生太大的相互作用,因此我国中等经济发展水平的地区经济增长水平较易变动,而且会出现向相反方向演进的现象。从区域经济增长 Local Moran 概率稳态分布的发展趋势来看,最终我国区域经济格局将收敛于 HH 状态,即全国区域经济发展最终将走向"共同富裕",当然这是一个长期的发展过程。

第4章 区域金融发展与区域经济收敛

区域经济发展的空间聚集和俱乐部收敛是我国经济发展的突出特征,改革开放以来,我国区域经济发展经历了"收敛—发散—收敛"的不断调整过程。区域金融组织、金融市场和金融工具作为金融系统运行在空间上的分布状况,通过聚合区域经济发展的各种因素而影响区域经济成长及其分布格局的动态演变,因此金融发展差异、金融供给失衡有可能是形成区域经济发展差距的重要因素,这需要通过论证我国区域间经济增长状态与金融发展状态的交互作用机制来揭示二者空间分布演进规律的关系。但国内从地理空间视角来揭示区域金融发展状态对区域经济分布演进规律影响的研究非常有限,本章首先对中国区域金融发展的空间布局和时空演进特征进行描述,然后验证区域经济增长格局与区域金融发展状态间的一致性和因果关系,揭示区域金融空间分布格局与趋势的变动对区域经济空间分布趋势变动的影响。将空间计量分析技术与分量回归(quantile regression)技术相结合,克服了传统研究只能度量外生变量对内生变量的"平均"影响的局限,对我国区域经济收敛及其金融原因进行了重新审视。

4.1 区域金融发展的时空演进分布特征

由于金融对经济发展的强大影响和重要推动作用,相关学者在探讨区域经济协调发展时开始关注金融的地区差距问题。但国内现有研究不仅在揭示区域金融发展差距的变化规律的理论上存在不足,甚至对改革开放以来区域金融发展差距发展趋势的研究结论也存在分歧。本节将在已有研究的基础上对中国地区金融发展差距做出多角度解释描述。在指标选取上,考虑到统计数据的可得性以及与前文的研究逻辑相呼应,这里选取人均存贷款量作为金融发展水平的衡量指标。其原因在于在中国这样一个至今仍以间接金融为主的市场中,银行是最重要的金融中介,银行存贷款则是最为主要的金融资源,因此与人均 GDP 的概念相呼应,这里采用地区人均存贷款额代表区域金融发展水平,并用地区人均存贷款额除以全国人均存贷款额得到地区相对金融发展水平。

4.1.1　区域金融发展差距的描述统计

为了便于比较区域金融发展差距与区域经济发展差距的发展趋势是否相关,这里同样利用标准差(standard deviation)、变异系数(coefficient of variation)、基尼系数(gini coefficient)和泰尔指数(theil coefficient)四种统计指标来度量我国各地区间的经济差距,使用相对人均存贷款额作为代表区域金融发展水平的考察变量。在图 4-1 中绘出了 1978～2008 年我国区域间相对人均存贷款额的标准差(σ)、变异系数和基尼系数的时间序列图,描述了省与省之间金融发展水平的差异。从相对人均存贷款额的标准差(σ)变动趋势同样可以发现,改革开放以来,我国的地区金融发展差异的发展趋势亦不存在始终递减或增加的单调演变,而是呈现出递减和递增相互更替的变动过程。其变化趋势类似于一个扁平"S"形曲线,即经历了"缩小—扩大—缩小"的过程,这也表明我国地区金融发展差距并不存在纯粹的 σ 收敛或趋异,而是经历了"收敛—发散—收敛"的过程,目前我国区域金融增长已经出现了收敛态势。我国区域相对人均存贷款额的变异系数和基尼系数也均表现出类似的变化趋势。区域相对人均存贷款额的标准差(σ)、变异系数和基尼系数从1978 年开始不断下降,在 1991 年分别达到各自的最低点 1.05、0.91、和 0.38,这表明在 1978～1991 年期间,我国地区之间的金融差异程度在不断减小。但从 1992年开始,三项统计指标又都大幅上升,地区相对人均存贷款额变异系数和基尼系数在 2003 年达到了最高点 1.25 和 0.46,人均存贷款额标准差则在 2002 年达到最高点的 1.51,显示出地区之间的金融差距在逐渐扩大,区域金融发展水平的发散性较为突出。这一趋势在近年来又发生了明显的转变,地区金融差距 20 世纪 90 年代以来在 2003 年首次缩小的基础上,2004~2008 年进一步表现为趋稳和缩小趋势。从与中国区域经济发展差距的对比来看,中国区域金融差距的演进趋势与区域经济差距的发展趋势表现出高度的相似,但从指标数值来看,金融发展差异的指标值明显高于区域经济发展差距的指标值,因此区域金融发展差距演进状态有可能是引起区域经济发展差距变动的原因。

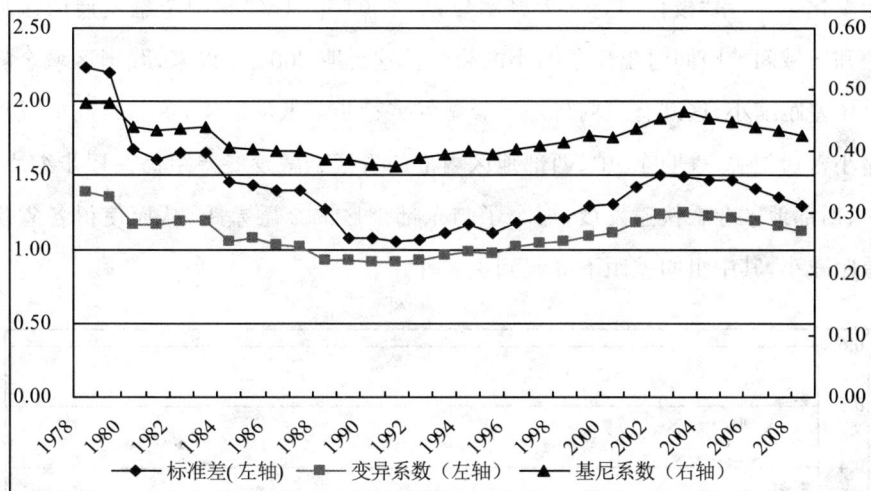

图 4-1　1978~2008 年中国区域金融差距发展趋势

从人均存贷款的泰尔指数来看,图 4-2 表明各地区人均存贷款总差距在 1978~1991 年期间不断下降,到 1991 年达到最低点的 0.277;从 1992 年起人均存贷款差距又开始逐年拉大,到 2003 年人均存贷款的差距几乎恢复到改革开放前的水平,达到 0.449,是 90 年代中期以来的最高点;2004 年开始,区域金融发展差距又呈现不断缩小的趋势。显然,从人均存贷款这一指标来看,表现出与前面标准差、变异系数、基尼系数计算得到的特征一致,金融的地区差距表现出"降—升—降"的格局,基本上呈现出一种扁平的"S"形变化,同样证明我国区域金融发展差距经历了"缩小—扩大—缩小"的过程,其中 1978~1991 年我国区域金融发展差距在逐渐缩小,1992~2003 年区域金融差距又逐渐拉大,这一现象在 2004 年开始出现明显扭转,目前我国区域金融发展差距正逐步缩小。图 4-2 还显示了金融发展的区域间差距和东、中、西三大区域内差距的变化。在 20 世纪 90 年代初及其以前,三大区域间差距一直都比较稳定,从 1992 年开始,区域间差距不断增加,这种趋势一直持续到 2005 年;区域内差距则是自 1978 年改革开放后大幅缩小,在 20 世纪 80 年代后期逐渐趋稳,这种状态一直保持到 1992 年,自 1993 年开始区域内差距又开始有所增加,一直到 2003 年又出现了缩小趋势。由此,金融的地区总差距在 1992 年以前主要受区域内差距的影响,下降明显;1993 年以来,地区总差距则由三大区域间差距变化主导,呈"极化"趋势,上升明显;而 2003 年以来,我国金融发展的区域内差距和区域间差距同时出现了缩小的趋势。这说明 2004 年以来,我国区域金融发展总体差距缩小,这既有组内各地区金融发展稳步降低的因素,更与组间的发展差距缩小密切相关,表明东、中、西部地区内部的省区金融发展差距仍在逐步缩小,同时中、西部地区金融快速发展,缩小了与东部地区的金融差距,从而使得各省份间总差距减小,其中组间差距下降起到主要作用。

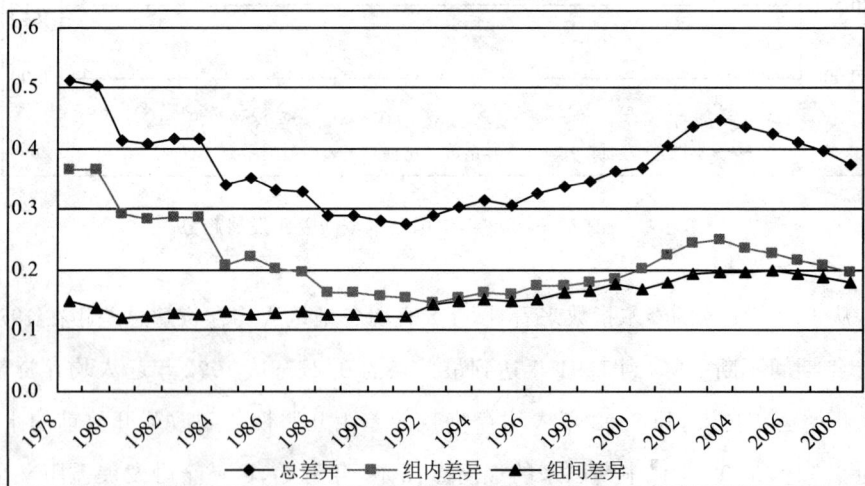

图 4-2　1978 年～2008 年中国区域金融发展差距泰尔指数及其分解

　　以标准差、变异系数、基尼系数和泰尔指数衡量我国金融发展的地区差距,发现改革开放以来至 20 世纪 90 年代初,区域金融发展内部差异的下降带动全国金融发展差距水平的下降;而 20 世纪 90 年代初至 2003 年左右,区际、区内差异的同步上升导致全国金融差距水平的扩大,其中组间差异上升尤为明显;在 2004 年左右,区际、区内差异的同步下降导致全国金融差距水平又呈缩小趋势,其中组内差异下降较为突出,这基本上较为符合"俱乐部收敛"的结论。同时还发现,区域间经济发展差距与金融发展差距呈现一致的变动关系,且金融差距大于经济差距,据此初步判断区域金融发展差距变动是我国区际经济差距变动的重要因素。

4.1.2　区域金融发展的空间相关分析

这里以地区人均存贷款额作为区域金融发展水平的代表变量,对我国 1978～2008 年区域金融发展水平的全局空间相关性进行 Moran's I 检验,表 4-1 和图 4-3 列出了相应的 Moran's I 检验结果。表 4-1 表明,我国区域金融发展的自相关系数 Moran's I 均大于 0,并且绝大多数都通过了 5% 显著性水平的检验,表明我国的 31 个省级行政区之间,以人均存贷款额代表的区域金融发展水平在空间分布上具有明显的正自相关关系和空间依赖性。区域金融发展水平较高的地区趋于和高水平地区相靠近,区域金融增长较低的地区趋于和低水平地区相邻,说明了我国的金融资源在空间上集聚分布。并且随着时间的推移,区域金融发展水平的 Moran's I 指数逐渐增大,其显著性水平也逐渐增强,虽然在 20 世纪 80 年代末和 90 年代初略有波动,但整体发展趋势非常明显,表明我国区域金融发展的正自相关关系和空间依赖性在不断加强。

表 4-1　我国省级空间尺度上区域金融发展的 Moran's I 检验

年份	MI	Z 值	P 值	年份	MI	Z 值	P 值
1978	0.103	1.147	0.126	1994	0.195	1.838	0.033
1979	0.109	1.327	0.092	1995	0.211	1.881	0.030
1980	0.134	2.382	0.009	1996	0.211	1.862	0.031
1981	0.135	2.355	0.009	1997	0.209	1.853	0.032
1982	0.151	2.417	0.008	1998	0.210	1.873	0.031
1983	0.171	2.458	0.007	1999	0.212	1.890	0.029
1984	0.172	2.391	0.008	2000	0.215	1.684	0.046
1985	0.174	2.458	0.007	2001	0.211	1.570	0.058

年份	MI	Z 值	P 值	年份	MI	Z 值	P 值
1986	0.176	2.084	0.019	2002	0.217	1.541	0.062
1987	0.180	1.929	0.027	2003	0.191	1.890	0.029
1988	0.214	2.216	0.013	2004	0.215	2.092	0.018
1989	0.208	2.164	0.015	2005	0.220	2.140	0.016
1990	0.186	1.976	0.024	2006	0.226	2.185	0.014
1991	0.194	1.973	0.024	2007	0.239	2.298	0.011
1992	0.203	2.121	0.017	2008	0.244	2.337	0.010
1993	0.194	2.048	0.020				

注：计算及检验结果使用 STARS(Space-Time Analysis of Regional Systems)软件计算。

根据第 3 章中的公式(3-4)对 1978、1988、1998 和 2004 年我国各省区人均 GDP 局部 Moran's I 统计量进行计算，并根据计算结果将区域金融发展的空间分布情况划分为"高高(HH)""低低(LL)""低高(LH)"和"高低(HL)"四种类型。若某一地区的局部 Moran's I 统计量高于全国均值且与其相邻省区的 Moran's I 统计量也高于全国均值，则其分布类型属于"高高"，若该省的局部 Moran's I 统计量高于全国均值而与其相邻省区的 Moran's I 统计量却低于全国均值，则其分布类型属于"高低"，其余分类以此类推。在表 4-2 中可以发现，整体来看，与我国区域经济增长分布类似，区域金融发展的地区分布中属于 HH 和 LL 种类的最多，尤其是我国大多数省区金融发展水平都呈现出 LL 聚集分布的特征，这与全局空间正相关是一致的。在 1978 年，我国绝大多数地区(21 个省区)属于 LL 聚集，5 个省区为 LH 分布，除位于东部的北京、天津、辽宁、黑龙江和上海之外，其他省区都属低经济水平地区，这与我国 1978 年全国区域经济分布的情况非常类似，唯一不同的地方在于海南省金融发展类型在初始阶段就属于 LH 类型而非 LL 类型。1988 年我国区域金融发展水平的分布情况与经济区域分布一致，金融高水平新增了江苏、浙江和广东，且上海、浙江、江苏进入到 HH 区域，东北地区的黑龙江省下滑至 LL 区域，在改革开放进程中，东北老工业基地经济发展相对缓慢，不良贷款问题日益凸现,东北地区的信贷增长在一定程度上受到影响,金融地位被沿海发达地区超越。1998 年,福建省进入 HH 聚集区域,其他省区变化相对较小。2008 年在国际金融危机等一系列国内外突发情况影响下,我国区域金融分布情况则出现了较大的变动,其中河北、河南和山东进入金融发展高水平区域,安徽、江西、湖南和广西的金融发展水平为 LH 类型,说明这些省市的周围地区金融资源增长的速度更快。整体看来,我国区域金融发展水平表现出了明显的集聚与不平衡发展的空间格局,并且与区域经济发展水平的空间分布大同小异:金融发展水平较高的地区(HH 和HL)几乎全部聚集在东部沿海,金融发展水平较低的地区(LL 和 LH)则主要分布于广大中西部地区,并且这种分布具有空间和时间上的连续性,形成了金融资源较为丰富地区和贫困地区两个集聚区。但与区域经济发展空间分布不同的是,2008年受国际金融危机影响,河北、河南、山东等省区金融资源增长很快,成为金融发展高水平地区,在一定程度上表明金融格局的变动要比经济格局的变动更为敏感、更为迅速。

表 4-2 我国区域金融发展类型的空间分布

	HH	HL	LH	LL
1978	北京、天津	辽宁、黑龙江、上海	河北、吉林、江苏、浙江、海南	其他
1988	北京、天津、上海江苏、浙江	辽宁、广东	河北、吉林、海南	其他
1998	北京、天津、上海江苏、浙江、福建	辽宁、广东	河北、海南	其他
2008	北京、河北、天津山东、江苏、河南上海、浙江、福建	辽宁、四川、广东	安徽、江西、湖南、广西、海南	其他

4.2 区域金融发展与区域经济发展格局的关系

从我国区域经济与金融的空间分布及其演进趋势来看,二者的表现非常一致,因此需要进一步论证我国区域间经济增长差距演变与金融发展空间布局演进的交互作用机制,进一步判断经济差距与金融发展差距间是否存在一致性,以及二者孰为因、孰为果,需要通过计量经济手段进行判断分析,本书运用 Granger 因果检验判断我国区际经济空间布局发展趋势与金融变量间的逻辑因果关系。

4.2.1 区域金融发展与经济增长收敛的长期均衡关系检验

对于变量间的因果关系研究,一般都采用格兰杰因果关系(Granger,1969)检验。它主要用于考察两变量之间在时间上的先导-滞后关系。为了验证区域金融发展敛散趋势与区域经济增长敛散是否具有因果关系,我们使用前文的区域基尼系数和泰尔指数进行 Granger 因果关系检验;为了验证区域金融发展的空间聚集与区域经济发展空间聚集的关系,我们使用二者的 MI 指数进行 Granger 因果关系检验。

1. 单位根检验

为了检验时间序列的平稳性,我们需要对代表区域金融敛散性变量和区域经济增长敛散性变量的时间序列进行单位根检验。如果非平稳时间序列 Y_t 的一阶差分 ΔY_t 是平稳的,则时间序列 Y_t 是具有 1 个单位根的 $I(1)$ 过程。我们用 ADF(Augmented Dickey-Fuller)统计量进行单位根检验,模型一般形式为:

$$\Delta Y_t = \beta_1 + \beta_2 t + \delta Y_{t-1} + \alpha_i \sum_{i=1}^{m} \Delta Y_{t-1} + \varepsilon_t \qquad (4-1)$$

其中 Y_t 为待检验时间序列,Δ 为差分算子,β_1 为截距项,β_2 为趋势项,$\sum_{i=1}^{m} \Delta Y_{t-i}$ 为 ΔY_t 的若干滞后项,随机扰动项 ε_t 为白噪声序列,检验原假设是 $H_0:\delta=0$;备择假设是 $H_1:\delta\neq0$,我们根据 AIC 和 SC 信息准则选取滞后阶,检验结果见表 4-3。

结果表明,只有区域泰尔指数的分解变量的原序列是平稳序列。而区域基尼系数、区域泰尔指数和 Moran's I 指数原序列在 10% 的显著性水平下都不能通过 ADF 检验,因此原序列都不是平稳序列,但一阶差分序列在 1% 显著性水平下都不拒绝变量有一个单位根的原假设,所以区域基尼系数和区域泰尔指数都是一阶单整序列,因而在此基础上可以继续检验这些变量之间的协整关系。

表 4-3 时间序列变量的单位根检验

变量名	变量说明	ADF 检验 t 值	P 值	是否平稳
gini_eco	区域经济基尼系数	−1.160	0.678	否
d_gini_eco	区域经济基尼系数一阶差分	−4.520	0.001	是
gini_fin	区域金融基尼系数	−2.477	0.131	否
d_gini_fin	区域金融基尼系数一阶差分	−4.314	0.002	是
theil_eco	区域经济泰尔指数	−1.887	0.334	否
d_theil_eco	区域经济泰尔指数一阶差分	−6.201	0.000	是
theil_fin	区域金融泰尔指数	−0.317	0.562	否
d_theil_fin	区域金融指数一阶差分	−4.399	0.000	是
intratheil_eco	区域经济泰尔指数组内差距	−4.859	0.000	是
intratheil_fin	区域金融泰尔指数组内差距	−3.326	0.023	是
intertheil_eco	区域经济泰尔指数组间差距	−4.869	0.003	是
intertheil_fin	区域金融泰尔指数组间差距	−3.486	0.062	是
mi_eco	区域经济 Moran's I 指数	−0.711	0.829	否
d_mi_eco	区域经济 Moran's I 指数一阶差分	−4.933	0.000	是
mi_fin	区域金融 Moran's I 指数	−1.993	0.288	否
d_mi_fin	区域金融 Moran's I 指数一阶差分	−4.486	0.001	是

2. 协整关系检验

如果所考虑的时间序列具有相同的单整阶数,且某种线性组合(该组合的系数称为协整向量)使得组合时间序列的单整阶数降低,则称这些时间序列之间存在显著的协整关系,通过协整关系的估计检验,也就度量了经济系统中的长期稳定关系。特别的,对 1 阶单整序列而言,其协整关系便是线性组合后的平稳序列。我们这里使用 Engle-Granger 两步检验法,对于所考虑的三个时间序列而言,存在协整关系是指存在非零 α_1、α_2、β_1 和 β_2,使得(4-2)(4-3)两式中的协整误差 μ_{1t} 和 μ_{2t} 是平稳时间序列,通过均值修正,可以将协整误差表示为零均值的平稳过程。由于我们已经判断 *gini_eco*、*gini_fin*、*theil_eco* 和 *theil_fin* 都是 1 阶单整过程,因此可以直接用 EG 两步法对模型(4-2)(4-3)进行检验。

$$\mu_{1t} = gini\_eco_t - \alpha_1 - \alpha_2 gini\_fin_t \tag{4-2}$$

$$\mu_{2t} = theil\_eco_t - \beta_1 - \beta_2 theil\_fin_t \tag{4-3}$$

然后对残差序列 μ_{1t} 和 μ_{2t} 进行单位根检验，发现它们都已经是平稳序列，显著性水平都达到了 99% 以上，表明区域经济敛散趋势与区域金融敛散趋势之间存在显著的协整关系，即我国区域金融发展趋势与区域经济分布演进趋势存在长期的均衡关系。

4.2.2 对区域金融发展与经济增长收敛的因果关系检验

1. Granger 因果关系检验

对于两变量格兰杰因果关系的检验，Granger 采用如下检验模型：

$$y_t = a_{10} + \sum_{i=1}^{m} a_{1i} y_{t-i} + e_{1t} \tag{4-4}$$

$$y_t = a_{20} + \sum_{i=1}^{m} a_{2i} y_{t-i} + \sum_{j=1}^{n} b_{2j} x_{t-j} + e_{2t} \tag{4-5}$$

检验从 x_t 到 y_t 单向格兰杰因果关系，即是检验 b_{2j} 的零假设 $H_0 : b_{2j} = 0$（$j = 1, 2, \cdots n$)，检验统计量：

$$F = \frac{\dfrac{(ESS_1 - ESS_2)}{n}}{\dfrac{ESS_1}{T-(m+n+1)}} \sim F_{[m, T-(m+n+1)]} \tag{4-6}$$

其中，ESS_1 和 ESS_2 分别为式(4-4)和式(4-5)通过最小二乘法回归得到的残差平方和，T 为时间序列 Y 的观测值总数。以 α 为置信度，若 $F > F_\alpha$，则拒绝 H_0，即 X 以 $1-\alpha$ 的概率对 Y 具有格兰杰因果关系，否则接受原假设，X 对 Y 不具有格兰杰因果关系。由于我们已经发现区域金融发展趋势与区域经济趋势之间存在着显著的协整关系，因此可以对各个变量的序列进行 Granger 影响关系检验，此时需要估计的模型为：

$$d\_gini\_eco_t = C_1 + \sum_{i=1}^{m} \alpha_i d\_gini\_eco_{t-i} + \sum_{i=1}^{m} \beta_i d\_gini\_fin_{t-i} + \varepsilon_{1t} \tag{4-7}$$

$$d\_gini\_fin_t = C_2 + \sum_{j=1}^{n} \alpha_j d\_gini\_fin_{t-j} + \sum_{j=1}^{n} \beta_j d\_gini\_eco_{t-j} + \varepsilon_{2t} \tag{4-8}$$

$$d\_theil\_eco_t = C_3 + \sum_{i=1}^{m} \lambda_i d\_theil\_eco_{t-i} + \sum_{i=1}^{m} \delta_i d\_theil\_fin_{t-i} + \varepsilon_{3t} \quad (4\text{-}9)$$

$$d\_theil\_fin_t = C_4 + \sum_{j=1}^{n} \lambda_j d\_theil\_fin_{t-j} + \sum_{j=1}^{n} \delta_j d\_theil\_eco_{t-j} + \varepsilon_{4t} \quad (4\text{-}10)$$

$$intratheil\_eco_t = C_5 + \sum_{i=1}^{m} \theta_i intratheil\_eco_{t-i} + \sum_{i=1}^{m} \gamma_i intratheil\_fin_{t-i} + \varepsilon_{5t}$$

$$(4\text{-}11)$$

$$intratheil\_fin_t = C_6 + \sum_{j=1}^{n} \theta_j intratheil\_fin_{t-j} + \sum_{j=1}^{n} \gamma_j intratheil\_eco_{t-j} + \varepsilon_{6t}$$

$$(4\text{-}12)$$

这里，m、n 分别表示模型的最优阶数，ε 为白噪声序列。在 Granger 影响关系检验中，方程(4-7)～(4-12)中的系数就对应着变量之间的 Granger 影响关系(Granger,1969)。由于 Granger 影响关系检验对应着模型中部分系数的显著性检验，因此可以用模型整体显著性的 F 检验进行。具体检验结果由表 4-4 给出(滞后阶数为 2，由 AIC 和 SC 原则定阶)。

表 4-4　区域金融发展趋势与区域经济发展趋势 Granger 因果关系的检验结果

原假设	F 统计量	显著性概率	检验结论
d_mi_fin does not Granger Cause d_mi_eco	2.914	0.058	拒绝原假设
d_mi_eco does not Granger Cause d_mi_fin	0.954	0.432	不能拒绝原假设
d_gini_fin does not Granger Cause d_gini_eco	2.845	0.079	拒绝原假设
d_gini_eco does not Granger Cause d_gini_fin	0.885	0.426	不能拒绝原假设
d_theil_fin does not Granger Cause d_theil_eco	2.961	0.072	拒绝原假设
d_theil_eco does not Granger Cause d_theil_fin	1.915	0.170	不能拒绝原假设
$intratheil\_fin$ does not Granger Cause $intratheil\_eco$	1.626	0.218	不能拒绝原假设
$intratheil\_eco$ does not Granger Cause $intratheil\_fin$	1.855	0.178	不能拒绝原假设
$intertheil\_fin$ does not Granger Cause $intertheil\_eco$	6.099	0.007	拒绝原假设
$intertheil\_eco$ does not Granger Cause $intertheil\_fin$	4.934	0.016	拒绝原假设

在表 4-4 中，我们分别检验了区域金融 Moran's I 指数与区域区域经济 Moran's I 指数之间的因果关系、区域金融基尼系数与区域经济基尼系数之间的关系、区域金融泰尔指数与区域经济泰尔指数之间的关系，以及区域经济与金融泰尔分解指数之间的关系。在上述 5 对变量的 Granger 影响关系中，检验结果表明有 1 对变量之间存在着显著的互为因果的关系，3 对变量之间存在单向的因果关系，1 对变量之间的因果关系不显著。首先，从区域金融与经济的空间聚集来看，由于其为 I(1) 序列，这里检验的指标为区域金融与区域经济 Moran's I 一阶差分之间的因果关系，结果表明区域金融的空间聚集变动对区域经济的空间聚集变动有显著的 Granger 影响，这表明由于区域金融空间聚集程度的变化会引起区域经济空间聚集程度的改变，二者的因果关系是单向的，即金融聚集变动引起了经济聚集改变，而不是相反，这与国内学者用其他指标和方法得到的结论不太相同。其次，从区域基尼系数和泰尔指数因果关系检验来看，均表明区域金融发散或收敛程度的变动会 Granger 影响区域经济的发散或收敛的改变，这说明在我国金融还未完全市场化的情况下，金融资源的流动和配置并不是完全按照市场需要进行的，区域经济收敛或发散对区域金融的敛散影响不大，但区域金融变动却会对区域经济产生引导作用，这也是各级政府用各种手段争夺金融资源的重要原因。再次，从泰尔指数分解来看，在东、中、西三大经济俱乐部之间，区域经济与金融具有显著的 Granger 相互影响，但在三大经济俱乐部内部，区域经济与金融的变动没有明显的 Granger 因果关系，说明三大俱乐部之间对金融资源的吸引和配置强化了三大地区之间的经济差距，而三大地区之间经济差距的拉大也进一步使得金融资源向经济高水平地区聚集，两者互相强化，形成马太效应，这也是为什么我国三大俱乐部之间差距越来越大的重要原因；而在三大俱乐部内部，区域经济发展差异与区域金融发展差异的因果关系则并不显著，可能的原因是，在三大经济区内部的省市之间，对于金融资源的吸引力等条件都差不多，因此金融资源分布没有表现出明显的空间倾向，其区域经济与金融的空间分布更受到其他有关因素的影响。总体来看，在我国区域经济增长空间分布的变动过程中，区域金融发展的空间分布变动起到了重要的影响，因此，国家通过相应宏观金融政策的引导，均衡各地区区域金融发展的差距，能够在很大程度上促进我国区域经济发展向均衡协调的目标转变。

2.区域金融发展差距与区域经济差距的误差修正模型（ECM）

由于区域金融发展差距与区域经济差距具有协整关系,因此我们可以将模型表示为误差修正形式,具体估计可以得到区域经济空间聚集误差修正模型和区域经济收敛误差修正模型:

$$d\_mi\_eco_t = \underset{(3.431***)}{0.07} + \underset{(-6.342***)}{0.11 d\_mi\_fin_t} - \underset{(-1.747*)}{0.06 \mu_{1t-1}} \tag{4-13}$$

$$R^2 = 0.911 \qquad \overline{R}^2 = 0.831 \qquad D.W. = 1.840$$

$$d\_theil\_eco_t = \underset{(1.507)}{0.02} + \underset{(1.127)}{0.49\ d\_theil\_fin_t} - \underset{(-3.243***)}{0.13 \mu_{2t-1}} \tag{4-14}$$

$$R^2 = 0.898 \qquad \overline{R}^2 = 0.822 \quad D.W. = 2.098$$

注:括号内表示 t 值, $*$ 表示显著性水平达到 90% 以上, $***$ 表示显著性水平达到 90% 以上。

从区域金融空间聚集误差修正模型来看,区域金融聚集与区域经济聚集之间的长期协整关系会推动二者之间的关系修正,其修正强度为 0.06,当区域经济空间聚集程度的短期波动偏离长期均衡（$\mu_{1t} > 0$）时,区域金融发展将以 -0.06 的速度将其拉回到均衡状态,即区域金融空间聚集会推动区域经济朝着空间聚集的方向演进。方程(4-14)代表了区域金融收敛推动区域经济收敛的力度,其修正强度为 0.13,表明区域金融的收敛或者发散对区域经济的敛散状态具有较强的修正作用,因此只有我国区域金融发展较为均衡才能更好地推动区域经济的均衡发展,这时候若区域经济增长趋势与区域金融发展趋势的长期均衡相偏离的时候,区域金融的分布演进会以 -0.13 的速度将区域经济的增长状态拉回到长期均衡状态。

4.3 区域金融发展与经济增长的收敛机制

当前,国内关于我国区域经济与金融发展的研究成果相对较多,但从现有的研究来看,一方面是多数研究对地理空间效应在区域经济增长差异及收敛过程中的作用重视不够,在理论模型的构建过程中未能将空间影响和空间交互效应纳入理论假设;并且,我国区域经济增长的时空演进的研究中,多集中在对 σ 收敛、β 收敛的研究,对俱乐部收敛的研究相对不足。另一方面,在研究方法上,现有研究多采用传统的"回归分析"如最小二乘法方法等,但这种估计方法必须假定外生变量在内生变量条件分布不同位置的影响差异可以忽略,即这种方法只能度量外生变量对内生变量的"平均"影响,而无法体现在条件分布不同位置时外生变量的影响差异。这些问题对于一个国家存在经济发展水平参差不齐的多个区域,尤其是中国来讲,难免存在估计偏差或者是只能得到片面的结论,本书在这里将空间计量分析技术与分量回归(quantile regression)技术相结合,有效克服了现有研究中的局限和不足,对我国区域经济收敛及其金融原因进行了重新审视。

4.3.1 分量回归及其在区域经济收敛研究中的优势

传统"回归分析"特别是基于最小二乘法的经典线性回归是当前计量经济分析中最为普遍的技术,众多学者在对区域经济增长敛散性及其收敛机制等问题进行实证研究时,通常采取的也是普通 OLS 估计或面板数据分析的方法。但这种估计方法是存在一定局限性的,运用最小二乘法的条件比较高,如线性回归模型要求满足同方差性、随机误差间两两不相关等条件,当需要进行回归系数的显著性推断时,通常还要假设残差服从正态分布,尤其是当分布是重尾或有离群点时,其结果的稳健性较差。更为重要的是,传统回归分析技术前提必须假定外生变量在内生变量条件分布不同位置的影响差异可以忽略,但在对处于不同经济增长状态的多个地区进行区域收敛或发散的分析中,能够满足这些基本假设的情况并不多见,因此在应用时就难以得到无偏的、有效的参数估计量;同时,传统回归方法只能度量外生变量对内生变量的"平均"影响,而无法体现在条件分布不同位置时外生变量的影响差异,单纯研究平均效果会掩盖很多问题,大量的宝贵数据仅仅只能得到一条回归曲线,而一条曲线所能提供的信息毕竟是有限的,因此得到的结论难免出现以偏概全的片面性,甚至会得出错误的结论。分量回归(quantile regression,分位数回归)技术由于能够获取因变量条件分布不同位置(分位数)的充分信息,因此能够有效克服上述局限。分量回归最早是由 Koenker 和 Bassett(1978)作为一种稳健(robust)回归技巧而被提出的,近年以来得到越来越广泛的应用。本书将空间计量分析技术与分量回归技术相结合,有以下几个优点。首先,分量回归克服了传统 OLS 回归的缺陷,允许解释变量的系数(如经济增长率、金融发展水平等)随着分位数的变化而变化,不再是一个常数;其次,分量回归不仅可以研究收敛方程中系数变化对收敛速度和机制的影响,还可以研究解释变量分布的变化对区域经济收敛的影响;第三,利用分量回归方法研究区域金融水平分布对区域经济收敛的影响,比单纯研究区域金融发展对区域经济收敛的平均影响更有政策含义,得出的结论也更有针对性和目的性。分量回归的主要思想简介如下:

对于任意实值随机变量 Y,它所有的性质都可以有 Y 的分布函数,即 $F(y) = Pr(Y \leqslant y)$ 来描述,对于任意的 $0 < \tau < 1$,定义随机变量 Y 的 τ 分位数函数 $Q(\tau)$ 为:

$$Q(\tau) = \inf\{y : F(y) \geqslant \tau\} \tag{4-15}$$

公式(4-15)完全代表了随机变量 Y 的性质,存在比例为 τ 的部分小于分位数函数 $Q(\tau)$,而比例为 $1 - \tau$ 的部分位于分位数函数 $Q(\tau)$ 之上。

对于任意的 $0 < \tau < 1$,定义检验函数

$$\rho_\tau(u) = (\tau - I_{(u<0)})u = \begin{cases} \tau u, & u \geqslant 0 \\ (\tau - 1)u, & u < 0 \end{cases} \tag{4-16}$$

其中 $I_{(u<0)}$ 为示性函数,由检验函数公式(4-16)的定义,可以看出,检验函数是分段函数,并且 $\rho_\tau(u) \geqslant 0$。为便于积分,检验函数 $\rho_\tau(u)$ 可以改写为:

$$\rho_\tau(u) = (\tau - I_{(u<0)})u = \tau u I_{(u \geqslant 0)} + (\tau - 1)u I_{(u<0)} \tag{4-17}$$

根据公式(4-16),当 u 取 $y - \xi$ 时,则有:

$$\rho_\tau(y - \xi) = \tau(y - \xi)I_{(y-\xi \geqslant 0)} + (\tau - 1)(y - \xi)I_{(y-\xi<0)} \tag{4-18}$$

则 Y 的 τ 分位数回归就是找到 ξ,使 $E[\rho_\tau(y - \xi)]$ 最小,即求满足下式的 ξ:

$$\min_{\xi \in R} E[\rho_\tau(y - \xi)] \tag{4-19}$$

在公式(4-19)两边同时取期望,积分得:

$$\min_{\xi \in R} E[\rho_\tau(y - \xi)] = (\tau - 1)\int_{-\infty}^{\xi}(y - \xi)\mathrm{d}F(x) + \tau\int_{\xi}^{+\infty}(y - \xi)\mathrm{d}F(x) \tag{4-20}$$

再对公式(4-20)两边同时对 ξ 求导得:

$$0 = (1 - \tau)\int_{-\infty}^{\xi}\mathrm{d}F(x) - \tau\int_{\xi}^{+\infty}\mathrm{d}F(x) = F(\xi) \tag{4-21}$$

因为分布函数 F 是单调增函数,则集合 $\{y:F(\xi)=\tau\}$ 中的任意元素都满足条件,即可能存在某个区间上的元素都满足使公式(4-19)最小,而由定义式(4-15),若令 $Q(\tau)=\hat{y}$ 时,则 $\hat{y}$ 是唯一的。

目前,常用公认有效的分位数回归计算方法有单纯形法、内点法、预处理后内点法、光滑法等等,并且可以通过 SAS、R 等计量经济软件实现。

4.3.2 省级层面区域金融发展与经济增长收敛机制

为了进一步考察我国区域经济增长的收敛性和区域金融发展在其中所起到的作用,考虑到区域经济收敛的空间效应,本研究设定了如下 5 个截面回归模型:

模型①——绝对收敛模型

$$\ln\left[\frac{y_{T,i}}{y_{t_0,i}}\right]=\alpha+\beta\ln y_{t_0,t}+\varepsilon_t \qquad (4-22)$$

模型②——条件收敛模型

$$\ln\left[\frac{y_{T,i}}{y_{t_0,i}}\right]=\alpha+\beta\ln y_{t_0,t}+\gamma\ln x_{t_0,t}+\varepsilon_t \qquad (4-23)$$

模型③——俱乐部收敛模型(spatial regimes model)

$$\ln\left[\frac{y_{T,i}}{y_{t_0,i}}\right]=\sum_{j=1}^{3}\alpha_j D_j+\sum_{j-1}^{3}\beta_j D_j\ln y_{t_0,t}+\sum_{j=1}^{3}\gamma_j D_j\ln x_{t_0,i}+\varepsilon_t \qquad (4-24)$$

模型④——区域经济增长空间滞后模型

$$\ln\left[\frac{y_{T,i}}{y_{t_0,i}}\right]=\sum_{j=1}^{3}\alpha_j D_j+\sum_{j-1}^{3}\beta_j D_j\ln y_{t_0,t}+\sum_{j=1}^{3}\gamma_j D_j\ln x_{t_0,i}+\rho W\ln\left[\frac{y_{T,i}}{y_{t_0,i}}\right]+\varepsilon_t$$

$$(4-25)$$

模型⑤——区域经济增长空间误差模型

$$\ln\left[\frac{y_{T,i}}{y_{t_0,i}}\right]=\sum_{j=1}^{3}\alpha_j D_j+\sum_{j-1}^{3}\beta_j D_j\ln y_{t_0,t}+\sum_{j=1}^{3}\gamma_j D_j\ln x_{t_0,i}+\mu_t \qquad (4-26)$$

$$\mu_i=\lambda W\mu_i+\varepsilon_i$$

上述五个模型中,y_{t0} 期初人均 GDP,t_0 表示期初年份,对于省级和地级两个不同的空间尺度,t_0 分别表示 1978 年和 1994 年,前文已表明我国区域经济和金融收敛趋势呈"S"形,因此这里的在省级区域上 T 分为四段,即 1978~1991 年、1992~

2002 年、2003～2008 年和 1978～2008 年,而在地级城市层面上则不再分段。Dj 代表东部、中部、西部的地区虚拟变量。W 是空间权重矩阵,e_i 是误差项,假设服从均值同方差无空间自相关的正态分布。基于省级与地级这两个空间尺度的研究思路是基本相同的,首先用 OLS 方法估计绝对收敛模型① 作为分析的起点,检验是否存在绝对收敛,以及潜在的模型误设(非正态、异方差、空家相关性等);然后引入区域金融发展变量,检验我国区域经济增长是否存在条件收敛,并测算区域金融对区域经济收敛的作用大小,用 OLS 方法估计模型②;再将地理单元划分东中西三个俱乐部,运用 OLS 方法估计空间俱乐部模型③,考察是否支持空间俱乐部收敛假设,并检验在控制了空间异质性后,是否仍然存在空间相关性;对于模型①～③ 还同时使用分量回归方法进行估计,并对比二者的运行结果。最后,把空间相关性纳入空间俱乐部模型,用 ML 方法估计两种空间计量经济学模型④、⑤,并根据空间滞后项系数估计的考察区域外溢效应,以及模型设定问题。

1. 我国区域经济增长绝对收敛的模型估计

表 4-5 列出了基于省级区划数据模型① 的 OLS 估计结果,可以发现,在 1978 ～1992 年间,我国区域经济增长的 β 估计值为负数,在 1992～2002 年为正数,在 2003～2008 年为负数,这与前文发现我国区域经济增长"收敛—发散—收敛"的 "S"形增长状态完全一致,整个考察期内中国省区经济增长 β 估计值为负数,表明在一定程度上,我国区域经济增长正在趋于收敛。但由于全部 β 估计值均未通过显著性检验,因此不能支持我国区域经济的绝对收敛假说。同时也可以发现模型的拟合度非常低,尚不到 0.01,模型的解释能力较弱。模型拟合度的其他有关检验还表明不存在非正态性和异方差等模型设定问题,但根据空间相关性检验结果,模型存在严重的空间相关性问题,因此有必要在模型中明确考虑空间相关性。

表 4-5　区域经济绝对收敛的 OLS 估计结果

参数	1978～1991	1992～2002	2003～2008	1978～2008
$\hat{\alpha}$	1.433(0.000)	0.675(0.068)	0.912 (0.000)	3.550(0.000)
$\hat{\beta}$	−0.087(0.190)	0.037(0.468)	−0.041(0.159)	−0.150(0.190)

参数	1978～1991	1992～2002	2003～2008	1978～2008
R^2	0.058	0.018	0.067	0.059
F 值	1.798	0.541	2.090	1.805
F 显著性水平	0.190	0.468	0.159	0.190
$D.W$ 值	2.173	1.854	1.355	1.795

注:括号外是系数估计值,括号内是显著性水平(p-value),下同。

表 4-6 列出了基于省级区划数据模型①的 Quantile 估计结果,可以发现,Quantile 估计结果给予了我们更为丰富的信息。与 OLS 模型的估计结果相类似,在 1978～1991 年间,我国区域经济增长的 β 估计值均为负数,在 1992～2002 年为正数,在 2003～2008 年为负数,这与前文发现我国区域经济增长"收敛—发散—收敛"的"S"形增长状态完全一致,整个考察期内中国省区经济增长 β 估计值为负数,表明在一定程度上,我国区域经济增长正在趋于收敛。但由于这当中的绝大部分 β 估计值也未通过显著性检验,因此不能支持我国区域经济的绝对收敛假说。但是,从表 4-6 中还可以发现,在 1978～1991 年间,随着区域经济发展水平由条件分布的低端(低分位数)向高端变化,β 估计值越来越小,表明在此期间我国区域经济发展水平越高的地区,区域经济收敛速度越快,而且在第 80% 分位上的分布通过了 10% 显著性水平的检验,表明该结论具有一定的科学性;2003～2008 年间,则正好相反,区域经济发展水平越低的地区,经济增长收敛的速度越快,并且在经济水平最低的前 20% 地区通过了显著性水平为 10% 的检验,这在一定程度上证明,我国区域经济增长在 1978～1991 年间正是沿海等地区加快发展的时期,而 2003 年以来则是欠发达地区的经济增速加快,因此 2003 年以来的经济收敛趋势更具均衡意义,这也表明了使用 Quantile 技术较传统 OLS 方法的优越性所在。

表 4-6　区域经济绝对收敛的 Quantile 估计结果

分位数		1978～1991		1992～2002		2003～2008		1978～2008	
		系数	P 值	系数	P 值	系数	P 值	系数	P 值
$\hat{\alpha}$	20%	1.039	0.010	0.657	0.232	1.056	0.003	2.688	0.000
	40%	1.331	0.002	0.660	0.205	0.842	0.008	3.012	0.001
	50%	1.499	0.002	0.752	0.166	0.939	0.004	3.462	0.000
	60%	1.558	0.001	0.364	0.610	0.984	0.007	3.591	0.000
	80%	1.885	0.000	0.769	0.226	0.809	0.058	5.259	0.000
$\hat{\beta}$	20%	−0.045	0.466	0.019	0.812	−0.069	0.096	−0.051	0.634
	40%	−0.077	0.251	0.036	0.625	−0.036	0.332	−0.080	0.530
	50%	−0.098	0.189	0.025	0.740	−0.047	0.219	−0.138	0.293
	60%	−0.106	0.154	0.089	0.390	−0.047	0.281	−0.154	0.235
	80%	−0.137	0.064	0.042	0.639	−0.021	0.694	−0.368	0.032
方程拟合度		R^2	0.071	R^2	0.019	R^2	0.027	R^2	0.053
		P 值	0.125	P 值	0.452	P 值	0.356	P 值	0.194

2.我国区域经济增长条件收敛的模型估计

表 4-7 列出了基于省级区划数据模型②的 OLS 估计结果,可以发现,在加入区域金融变量后有效提升了方程的拟合度,特别是在 1992～2002 年和 2003～2008年间两段方程的拟合优度和方程系数的显著性都明显增强,表明区域金融在区域经济收敛中具有极其重要的作用。三段估计区间,我国区域经济增长的 β 估计值均变为正数,区域金融发展 γ 估计值为负,表明我国区域经济收敛与区域金融水平密切相关,或者说区域金融发展水平能够引起区域经济增长的收敛,其作用大小甚至超过了区域经济增长本身对收敛的影响。但方程在 1978～1991 年和 1978～2008 年的拟合程度还不够理想,这表明我国区域经济增长只是在一定阶段和一定程度上存在条件收敛。

表 4-7　区域经济条件收敛的 OLS 估计结果

参数	1978～1991	1992～2002	2003～2008	1978～2008
$\hat{\alpha}$	1.292(0.010)	0.853(0.018)	1.105(0.000)	3.161(0.001)
$\hat{\beta}$	0.018(0.929)	0.347(0.021)	0.140 (0.028)	0.140(0.689)
$\hat{\gamma}$	−0.082(0.587)	−0.282(0.029)	−0.163(0.003)	−0.228(0.383)
R^2	0.068	0.175	0.328	0.084
F 值	1.028	2.972	6.825	1.289
F 显著性水平	0.371	0.068	0.004	0.291
D.W 值	2.245	1.774	1.532	1.810

表 4-8 列出了模型②的 Quantile 估计结果。与 OLS 模型的估计结果相类似，在 1978～1991 年间，我国区域经济增长的 β 估计值均为负数，而区域金融发展的 γ 估计值均为正数，表明在此期间由于我国商业银行的市场化改革还没有完全开展，故在此期间区域经济收敛主要还是与自身经济水平相关。而在 1992～2002 年和 2003～2008 年的情况则正好相反，表明随着我国金融市场化程度逐渐加深，金融在配置和引导经济资源中发挥的作用越来越强大，因此金融发展水平就成为影响区域经济增长收敛的决定性因素，并且在大多数情况下都通过了显著性检验，其系数的拟合优度无论在显著性水平还是作用大小方面都明显高于区域经济水平的系数，因此通过区域金融资源的优化均衡调配将会有利于我国区域经济向均衡点收敛。

表 4-8　区域经济条件收敛的 Quantile 估计结果

分位数		1978～1991		1992～2002		2003～2008		1978～2008	
		系数	P 值	系数	P 值	系数	P 值	系数	P 值
$\hat{\alpha}$	20%	0.620	0.301	0.637	0.146	0.766	0.002	2.461	0.004
	40%	1.437	0.019	1.084	0.033	0.993	0.001	2.690	0.010
	50%	1.670	0.009	1.098	0.036	1.153	0.000	3.253	0.003
	60%	1.685	0.008	1.167	0.024	1.140	0.000	3.629	0.001
	80%	2.052	0.001	0.287	0.787	1.341	0.000	2.108	0.188

续表

分位数		1978～1991		1992～2002		2003～2008		1978～2008	
		系数	P 值	系数	P 值	系数	P 值	系数	P 值
$\hat{\beta}$	20%	0.084	0.751	0.354	0.105	0.056	0.419	0.107	0.757
	40%	−0.183	0.517	0.517	0.011	0.134	0.124	0.107	0.810
	50%	−0.236	0.412	0.523	0.012	0.175	0.107	−0.042	0.926
	60%	−0.227	0.425	0.527	0.009	0.131	0.191	−0.193	0.679
	80%	−0.255	0.456	0.205	0.523	0.081	0.400	1.347	0.239
$\hat{\gamma}$	20%	−0.066	0.729	−0.276	0.142	−0.069	0.212	−0.119	0.641
	40%	0.089	0.674	−0.456	0.010	−0.148	0.045	−0.140	0.672
	50%	0.111	0.605	−0.463	0.011	−0.195	0.045	−0.066	0.844
	60%	0.100	0.636	−0.473	0.007	−0.157	0.063	0.032	0.926
	80%	0.089	0.739	−0.079	0.758	−0.135	0.087	−1.224	0.183
方程拟合度		R^2	0.089	R^2	0.189	R^2	0.213	R^2	0.054
		P 值	0.233	P 值	0.031	P 值	0.019	P 值	0.417

3. 我国区域经济增长俱乐部收敛的模型估计

模型③的估计结果如表 4-9 显示，为了判断究竟是模型截距还是斜率参数存在区域效应，我们分别对截距不同、斜率相同以及截距相同、斜率都不相同进行假设检验，结果表明，我国区域经济增长的俱乐部收敛主要表现为"截距效应"，因此确定以截距不同的模型作为最佳模型进行参数估计。大部分方程系数估计值显著性水平很高并且整个方程拟合度很好，因此中国省级区域增长支持空间俱乐部收敛假设，可以发现东部地区的收敛速度较快。整体上看，我国区域经济增长俱乐部收敛模型的估计结果是较为理想的，不仅系数估计值符合预期，而且也不存在明显的模型误设问题，同时模型的系数显著性和整个方程的拟合优度均有较大程度的提升。

表 4-9　区域经济俱乐部收敛的 OLS 估计结果

参数	1978～1991	1992～2002	2003～2008	1978～2008
$\hat{\alpha}_{east}$	2.864(0.000)	1.956(0.000)	0.725(0.043)	6.130(0.000)
$\hat{\alpha}_{midd}$	2.593(0.000)	1.759(0.000)	0.821(0.013)	5.715(0.000)
$\hat{\alpha}_{west}$	2.473(0.000)	1.733(0.000)	0.776(0.015)	5.385(0.000)
$\hat{\beta}$	−0.442(0.024)	0.204(0.165)	0.171(0.040)	−0.789(0.011)
$\hat{\gamma}$	0.152(0.248)	−0.279(0.022)	−0.154(0.007)	0.272(0.189)
R^2	0.529	0.382	0.434	0.610
$D.W$ 值	2.178	2.056	1.322	2.054

表 4-10 列出了模型③的 Quantile 估计结果。空间俱乐部收敛模型的结果仍表明,在 1978～1991 年间,我国区域经济增长的 β 估计值多为负数,区域金融发展的 γ 估计值为正,表明在此期间由于我国商业银行的市场化改革还没有完全开展,故在此期间区域经济收敛主要还是与自身经济水平相关。而在 1992～2002 年期间和 2003～2008 年期间则随着我国金融市场化程度逐渐加深,金融发展水平就成为影响区域经济增长收敛的决定性因素,并且在大多数情况下都通过了显著性检验。通过分位数回归还可以发现,2003 年以来我国区域经济的收敛趋势主要在于经济发展水平处于中游地区的经济增长加速收敛,无论是在任何的分位数水平上,经济发展水平居中地区的斜率系数都要高于中部和东部地区,这在一定程度上表明,近年来我国区域经济收敛的趋势一方面是由于东部地区增长在逐渐放缓,但更重要的是中部地区崛起的速度正在加快,结合前文的分析,可以认为区域金融向中部地区加快倾斜是其中的重要因素。

表 4-10　区域经济俱乐部收敛的 Quantile 估计结果

分位数		1978~1991		1992~2002		2003~2008		1978~2008	
		系数	P 值	系数	P 值	系数	P 值	系数	P 值
$\hat{\alpha}_{east}$	20%	2.328	0.001	1.448	0.011	0.690	0.059	6.641	0.000
	40%	2.985	0.001	1.695	0.016	1.205	0.015	6.674	0.000
	50%	2.520	0.001	2.114	0.006	1.019	0.049	6.072	0.000
	60%	2.843	0.001	2.154	0.005	0.831	0.124	5.998	0.000
	80%	3.611	0.000	2.412	0.002	0.503	0.556	5.208	0.004
$\hat{\alpha}_{midd}$	20%	2.147	0.001	1.322	0.009	0.751	0.023	6.379	0.000
	40%	2.762	0.001	1.551	0.015	1.218	0.006	6.278	0.000
	50%	2.315	0.001	1.909	0.005	1.049	0.024	5.673	0.000
	60%	2.613	0.000	1.928	0.005	0.890	0.067	5.560	0.000
	80%	3.186	0.000	2.116	0.002	0.591	0.446	4.723	0.004
$\hat{\alpha}_{west}$	20%	1.942	0.001	1.289	0.010	0.711	0.027	5.935	0.000
	40%	2.618	0.001	1.535	0.015	1.140	0.008	5.861	0.000
	50%	2.212	0.001	1.807	0.007	1.000	0.025	5.286	0.000
	60%	2.493	0.000	1.873	0.006	0.851	0.067	5.251	0.000
	80%	3.114	0.000	2.087	0.002	0.597	0.413	4.591	0.004
$\hat{\beta}$	20%	−0.311	0.171	0.482	0.009	0.103	0.222	−1.177	0.023
	40%	−0.485	0.067	0.379	0.097	0.046	0.659	−1.249	0.040
	50%	−0.426	0.085	0.199	0.481	0.091	0.421	−0.797	0.062
	60%	−0.505	0.042	0.095	0.705	0.135	0.269	−0.781	0.068
	80%	−0.634	0.019	0.005	0.983	0.262	0.173	0.079	0.934
$\hat{\gamma}$	20%	0.085	0.585	−0.469	0.002	−0.101	0.072	0.538	0.101
	40%	0.164	0.341	−0.404	0.030	−0.098	0.153	0.636	0.151
	50%	0.188	0.270	−0.289	0.199	−0.116	0.121	0.288	0.367
	60%	0.220	0.195	−0.202	0.318	−0.133	0.083	0.293	0.373
	80%	0.254	0.141	−0.149	0.417	−0.200	0.033	−0.420	0.559
方程拟合度		R^2	0.329	R^2	0.294	R^2	0.254	R^2	0.397

4. 我国区域经济增长空间滞后模型估计分析

模型④的估计结果如表 4-11 显示,大部分方程系数估计值的显著性检验效果很好,方程拟合程度也有了进一步提升,表明引入空间滞后因子后使得整个模型较好地捕捉到了我国区域经济发展的收敛状况,但是引入空间滞后项对收敛速度的影响不大。空间滞后项的系数估计值很小,而且很不显著,这种结果与前面探索性空间数据分析的结果不太一致。探索性空间数据分析探测到了较明显的区域外溢,但空间计量分析却没有发现显著的区域外溢。我们对此的解释是:探索性空间数据分析所发现的空间相关性和区域外溢很可能在较大程度上产生于空间异质性,即地区之间的增长业绩相似,可能是由于它们具有相似的区位,而不是真正的区域外溢所致,在空间计量经济模型中控制了空间异质性之后,区域外溢就变得不显著了。

表 4-11　区域经济增长空间滞后模型 OLS 估计结果

参数	1978～1991	1992～2002	2003～2008	1978～2008
$\hat{\alpha}_{east}$	2.862(0.000)	1.913(0.000)	0.743(0.043)	5.878(0.000)
$\hat{\alpha}_{midd}$	2.590(0.000)	1.698(0.000)	0.828(0.014)	5.421(0.000)
$\hat{\alpha}_{west}$	2.470(0.000)	1.662(0.000)	0.784(0.016)	5.134(0.000)
$\hat{\beta}$	−0.440(0.027)	0.068(0.686)	0.164(0.055)	−0.747(0.014)
$\hat{\gamma}$	0.151(0.260)	−0.182(0.170)	−0.154(0.008)	0.216(0.289)
$\hat{\rho}$	0.005(0.972)	0.221(0.142)	0.056(0.663)	0.131(0.121)
R^2	0.529	0.434	0.438	0.647
$D.W$ 值	2.174	2.004	1.302	1.941

从表 4-12 区域经济增长空间滞后模型的 Quantile 估计结果来看,我国区域经济在 1978～1991 年和 2003～2008 年间分别表现为绝对收敛和条件收敛。在 1978～1991 年间,我国区域经济增长在一定程度上表现出绝对收敛的趋势,并且越是经济发展水平高的地区,其绝对收敛的趋势越明显。但在 2003 年以来,我国区域经济增长收敛主要与区域金融发展水平密切相关,并且在金融发展水平越高的地方,区域经济增长收敛的速度越快,再次证明了区域金融发展状况对区域经济收敛

的重要作用。

表 4-12 区域经济增长空间滞后模型 Quantile 估计结果

分位数		1978~1991		1992~2002		2003~2008		1978~2008	
		系数	P 值	系数	P 值	系数	P 值	系数	P 值
$\hat{\alpha}_{east}$	20%	2.577	0.005	1.423	0.012	0.720	0.073	6.916	0.000
	40%	2.977	0.002	1.817	0.007	1.185	0.006	6.776	0.000
	50%	2.651	0.000	1.848	0.007	0.770	0.165	5.662	0.000
	60%	2.717	0.000	1.868	0.008	0.765	0.182	5.489	0.000
	80%	3.647	0.000	2.455	0.192	0.705	0.237	5.665	0.003
$\hat{\alpha}_{midd}$	20%	2.413	0.007	1.272	0.009	0.766	0.028	6.431	0.000
	40%	2.778	0.003	1.624	0.008	1.173	0.002	6.355	0.000
	50%	2.398	0.001	1.648	0.009	0.806	0.101	5.257	0.000
	60%	2.490	0.000	1.658	0.010	0.799	0.114	5.089	0.000
	80%	3.219	0.000	2.174	0.208	0.772	0.142	5.123	0.003
$\hat{\alpha}_{west}$	20%	2.196	0.009	1.228	0.009	0.719	0.036	6.041	0.000
	40%	2.632	0.003	1.506	0.013	1.086	0.004	5.981	0.000
	50%	2.312	0.001	1.588	0.012	0.774	0.103	4.911	0.000
	60%	2.372	0.000	1.617	0.012	0.767	0.117	4.798	0.000
	80%	3.148	0.000	2.132	0.202	0.770	0.124	4.983	0.002
$\hat{\beta}$	20%	−0.351	0.193	0.357	0.245	0.076	0.394	−1.102	0.019
	40%	−0.483	0.096	0.084	0.752	0.046	0.606	−1.129	0.036
	50%	−0.442	0.083	0.082	0.748	0.139	0.271	−0.777	0.053
	60%	−0.485	0.053	−0.004	0.986	0.147	0.250	−0.754	0.057
	80%	−0.664	0.032	0.047	0.869	0.166	0.251	−0.439	0.599
$\hat{\gamma}$	20%	0.094	0.587	−0.366	0.101	−0.083	0.132	0.402	0.192
	40%	0.163	0.385	−0.191	0.366	−0.105	0.110	0.459	0.193
	50%	0.181	0.312	−0.194	0.350	−0.138	0.090	0.284	0.345
	60%	0.216	0.217	−0.127	0.533	−0.143	0.081	0.291	0.333
	80%	0.263	0.143	−0.172	0.456	−0.152	0.072	−0.091	0.880

续表

分位数		1978～1991		1992～2002		2003～2008		1978～2008	
		系数	P 值	系数	P 值	系数	P 值	系数	P 值
$\hat{\rho}$	20%	−0.085	0.664	0.075	0.703	0.020	0.883	0.084	0.381
	40%	−0.025	0.899	0.284	0.147	0.193	0.165	0.077	0.509
	50%	0.044	0.800	0.288	0.136	0.147	0.381	0.119	0.282
	60%	0.031	0.856	0.343	0.073	0.155	0.355	0.120	0.277
	80%	0.097	0.690	−0.151	0.934	0.153	0.332	0.270	0.014
方程拟合度		R^2	0.338	R^2	0.345	R^2	0.284	R^2	0.432

5. 区域经济增长空间误差模型估计

模型⑤的估计结果如表 4-13 显示,通过与前面 4 个模型的对比可以发现,区域经济增长空间误差模型是几个模型中效果最好的。根据表 4-13,我国区域经济收敛趋势在不同时期受不同收敛机制的影响,其中在 1978～1991 年和整个考察期间主要是绝对收敛机制在起主导作用,但 1992～2002 年和 2003～2008 年间,主要受条件收敛的影响,其中区域金融发展水平起到决定性作用,其影响力大小和显著性水平均高于其他参数。需要指出的是,在 1992～2002 年间,区域经济增长的空间误差因子的影响力度也非常大,这期间虽然区域金融的作用日益凸显,但区域经济增长的空间误差因子起到主导作用,表明相邻地区的技术、人口、贸易条件等其他本章没有考察的因素对在此期间我国区域经济增长收敛的影响较大。

表 4-13　区域经济增长空间误差模型 OLS 估计结果

参数	1978～1991	1992～2002	2003～2008	1978～2008
$\hat{\alpha}_{east}$	2.842(0.000)	1.888(0.000)	0.727(0.047)	6.263(0.000)
$\hat{\alpha}_{midd}$	2.573(0.000)	1.711(0.000)	0.825(0.015)	5.837(0.000)
$\hat{\alpha}_{west}$	2.452(0.000)	1.723(0.000)	0.778(0.017)	5.498(0.000)
$\hat{\beta}$	−0.429(0.039)	0.294(0.036)	0.173(0.042)	−0.849(0.013)
$\hat{\gamma}$	0.142(0.314)	−0.347(0.003)	−0.156(0.007)	0.311(0.166)

续表

参数	1978～1991	1992～2002	2003～2008	1978～2008
$\hat{\lambda}$	−0.085(0.826)	−1.596(0.013)	−0.202(0.710)	0.220(0.610)
R^2	0.530	0.520	0.437	0.615
$D.W$ 值	2.178	2.305	1.337	2.021

区域经济空间误差模型的 Quantile 估计结果见表 4-14。

表 4-14 区域经济空间误差模型的 Quantile 估计结果

分位数		1978～1991		1992～2002		2003～2008		1978～2008	
		系数	P 值	系数	P 值	系数	P 值	系数	P 值
$\hat{\alpha}_{east}$	20%	2.822	0.005	1.415	0.003	0.699	0.058	5.858	0.002
	40%	3.136	0.000	1.414	0.030	0.814	0.081	6.863	0.000
	50%	2.742	0.000	1.861	0.010	0.960	0.048	5.878	0.000
	60%	2.742	0.000	1.934	0.005	0.851	0.135	5.904	0.000
	80%	3.667	0.001	2.312	0.002	0.410	0.644	5.513	0.023
$\hat{\alpha}_{midd}$	20%	2.609	0.006	1.305	0.002	0.761	0.023	5.762	0.002
	40%	2.909	0.000	1.317	0.022	0.896	0.032	6.461	0.000
	50%	2.519	0.000	1.671	0.008	1.007	0.021	5.464	0.000
	60%	2.519	0.000	1.736	0.005	0.898	0.078	5.506	0.000
	80%	3.235	0.001	2.038	0.002	0.506	0.534	5.023	0.026
$\hat{\alpha}_{west}$	20%	2.418	0.008	1.333	0.001	0.713	0.028	5.299	0.002
	40%	2.756	0.000	1.325	0.019	0.807	0.047	5.989	0.000
	50%	2.393	0.001	1.691	0.006	0.944	0.025	5.096	0.000
	60%	2.396	0.000	1.747	0.004	0.856	0.081	5.169	0.000
	80%	3.165	0.001	2.060	0.002	0.515	0.499	4.891	0.024
$\hat{\beta}$	20%	−0.376	0.163	0.553	0.001	0.085	0.326	−0.790	0.133
	40%	−0.530	0.047	0.423	0.051	0.108	0.330	−1.363	0.139
	50%	−0.488	0.066	0.332	0.219	0.095	0.392	−0.765	0.080
	60%	−0.488	0.059	0.232	0.336	0.135	0.274	−0.786	0.064
	80%	−0.645	0.057	0.067	0.731	0.286	0.163	−0.030	0.982

分位数		1978～1991		1992～2002		2003～2008		1978～2008	
		系数	P 值	系数	P 值	系数	P 值	系数	P 值
$\hat{\gamma}$	20%	0.069	0.691	−0.522	0.000	−0.088	0.137	0.260	0.424
	40%	0.185	0.302	−0.410	0.016	−0.114	0.102	0.720	0.292
	50%	0.219	0.228	−0.376	0.065	−0.114	0.112	0.292	0.368
	60%	0.219	0.215	−0.297	0.111	−0.135	0.086	0.309	0.329
	80%	0.256	0.217	−0.190	0.243	−0.211	0.030	−0.362	0.718
$\hat{\lambda}$	20%	−0.540	0.592	−2.110	0.006	0.197	0.767	−0.905	0.518
	40%	0.247	0.695	−1.549	0.079	−0.984	0.256	0.268	0.703
	50%	0.067	0.889	−1.458	0.086	−0.332	0.666	0.254	0.647
	60%	0.067	0.885	−1.100	0.159	0.150	0.856	0.258	0.638
	80%	0.089	0.894	−1.008	0.231	−0.147	0.884	0.213	0.813
方程拟合度		R^2	0.332	R^2	0.393	R^2	0.261	R^2	0.404

4.3.3 地级层面区域金融发展与经济增长收敛机制

表 4-15 给出了基于地级区划数据的模型①～⑤估计和检验结果,可以发现:

第一,通过绝对收敛模型的估计及检验结果表明,无论用①～⑤中的任何模型,在考察期内我国地市级区域均主要表现为绝对收敛机制,而不存在条件收敛或者空间滞后收敛等情形。

第二,空间俱乐部模型②的计量分析结果表明,东中西三大地带的划分虽然在一定程度上识别了实际存在的空间异质性,但由于地级空间尺度上的空间异质性更加复杂,仅仅划分为东中西三个俱乐部无法充分识别空间异质性,因此考虑了空间异质性后,空间相关性问题依然显著存在。我们估计产生这些问题的原因可能是由于没有充分识别空间异质性,以及空间权重矩阵选择不当。另外,相对于省级分析单元而言,地级分析单元在尺度上要小得多,地区经济增长的空间相关性更加显著,而且存在显著的高阶空间相关,这都说明简单的二分相邻矩阵对于地级尺度的分析有待进一步改进。

表 4-15 基于地市级区划的区域经济收敛 OLS 估计分析结果

	模型①	模型②	模型③	模型④	模型⑤
$\hat{\alpha}$	1.216(0.000)	1.180(0.000)	—	—	—
$\hat{\beta}$	−0.026(0.423)	−0.252(0.000)	−0.328(0.000)	−0.269(0.000)	−0.301(0.000)
$\hat{\gamma}$	—	0.217(0.000)	0.245(0.000)	0.175(0.000)	0.200(0.000)
$\hat{\rho}$	—	—	—	0.600(0.000)	—
$\hat{\lambda}$	—	—	—	—	0.735(0.000)
$\hat{\alpha}\_east$	—	—	1.644(0.000)	1.191(0.000)	1.809(0.000)
$\hat{\alpha}\_midd$	—	—	1.579(0.000)	1.143(0.000)	1.776(0.000)
$\hat{\alpha}\_west$	—	—	1.481(0.000)	1.049(0.000)	1.722(0.000)
R^2	0.002	0.089	0.113	0.250	0.273
F 值	0.644	14.014	—	—	—

第三,由于在模型中引入空间异质性没有消除空间相关性问题,我们在空间俱乐部模型中明确引入空间相关性。我们推断在地级尺度上可能存在着明显的规模收益递增,收敛模型不适合用来研究地级区域的增长问题。模型空间滞后项的系数估计值非常显著,这意味着在中国区域经济增长过程中,地级空间尺度上的区域外溢显著存在,这与地级尺度上探索性空间数据分析的发现是相吻合的。一个地区的增长业绩不仅取决于自身的因素,而且受相邻地区的影响;一个地区获得有利的增长因素以至良好的增长业绩都将惠及相邻地区。

使用 Quantile 估计得到的结论与 OLS 估计基本一致,而且更为具体详尽,这里仅列出对区域经济空间误差模型即模型⑤的 Quantile 估计分析结果,具体如表4-16 所示。通过与省级区域估计结果相比较,我们可以发现,地级尺度上的区域经济增长表现出了更强的发散性,由于在地级尺度上可能存在规模收益递增,地理分析单元与集聚经济联系更密切,基于收益递减的理论分析框架不适合用来解释地级尺度上的区域经济增长。同时东、中、西三大地带的划分对于理解省级空间尺度上的区域经济增长是比较适当的,但对于地级尺度而言,空间异质性表现得更加复杂,东、中、西三大地带的划分过于粗糙,难以充分和准确地识别区域经济增长的空间异质性。另外,相对于省级空间尺度,地级空间上的区域外溢更加显著,说明溢出效应在较小的空间尺度上表现得更强烈,这暗示着溢出效应的扩散范围有限,如果研究选择的空间尺度过大可能无法探测到区域外溢。

表 4-16　基于地市级区划的区域经济空间误差模型 Quantile 估计分析结果

	分位数	系数	P 值		分位数	系数	P 值
	20%	1.400	0.000		20%	−0.339	0.000
	40%	1.868	0.000		40%	−0.339	0.000
$\hat{\alpha}_{east}$	50%	1.637	0.000	$\hat{\beta}$	50%	−0.267	0.001
	60%	1.660	0.000		60%	−0.273	0.000
	80%	1.747	0.00		80%	−0.347	0.000
	20%	1.370	0.000		20%	0.260	0.000
	40%	1.811	0.000		40%	0.224	0.000
$\hat{\alpha}_{midd}$	50%	1.606	0.000	$\hat{\gamma}$	50%	0.188	0.004
	60%	1.632	0.000		60%	0.195	0.002
	80%	1.723	0.000		80%	0.269	0.001
	20%	1.262	0.000		20%	0.510	0.001
	40%	1.785	0.000		40%	0.667	0.000
$\hat{\alpha}_{west}$	50%	1.576	0.000	$\hat{\lambda}$	50%	0.748	0.000
	60%	1.585	0.000		60%	0.672	0.000
	80%	1.691	0.000		80%	0.589	0.000
方程拟合度	R^2	0.137					

4.4　本章小结

利用标准差、变异系数、基尼系数和泰尔指数等四种统计指标来度量我国各地区间的经济差距,发现我国区域金融差距的演进趋势与区域经济差距的发展趋势表现出高度的相似,但从指标数值来看,金融发展差异的指标值明显高于区域经济发展差距的指标值,因此区域金融发展差距演进状态有可能是引起区域经济发展差距变动的原因,并且金融格局的变动可能要比经济格局的变动更为敏感、更为迅速。

运用 Granger 因果检验判断我国区际经济空间布局发展趋势与金融变量间的

逻辑因果关系。发现在东、中、西三大经济俱乐部之间,区域经济与金融具有显著的 Granger 相互影响,但在三大经济俱乐部内部,区域经济与金融的变动没有明显的 Granger 因果关系,说明三大俱乐部之间对金融资源的吸引和配置强化了三大地区之间的经济差距,而三大地区之间经济差距的拉大也进一步使得金融资源向经济高水平地区聚集,两者互相强化,形成马太效应,这也是为什么我国三大俱乐部之间差距越来越大的重要原因;而在三大俱乐部内部,区域经济发展差异与区域金融发展差异的因果关系则并不显著,可能的原因是,在三大经济区内部的省市之间,对于金融资源的吸引力等条件都差不多,因此金融资源分布没有表现出明显的空间倾向,其区域经济与金融的空间分布更受到其他有关因素的影响。

将空间计量分析技术与分量回归(quantile regression)技术相结合,有效克服了现有研究中使用传统回归方法只能度量外生变量对内生变量的"平均"影响、而无法体现在条件分布不同位置时外生变量的影响差异的局限和不足,对我国区域经济收敛及其金融原因进行了重新审视。结果发现,在 1978~1991 年间,我国区域经济增长的 β 估计值均为负数,在 1992~2002 年均为正数,在 2003~2008 年也为负数,这与前文发现我国区域经济增长"收敛—发散—收敛"的 S 形增长状态完全一致,整个考察期内省区经济增长 β 估计值为负数,表明在一定程度上,我国区域经济增长正在趋于收敛。但由于这当中的绝大部分 β 估计值也未通过显著性检验,因此不能支持我国区域经济的绝对收敛假说。但是,在 1978~1991 年间,随着区域经济发展水平由条件分布的低端(低分位数)向高端变化,β 估计值越来越小,表明在此期间我国区域经济发展水平越高的地区,区域经济收敛速度越快;2003~2008 年间,则正好相反,区域经济发展水平越低的地区,经济增长收敛的速度越快,这在一定程度上证明,我国区域经济增长在 1978~1991 年间是发达地区加快发展的时期,而 2003 年以来则是欠发达地区的经济增速加快,因此 2003 年以来的经济收敛趋势更具均衡意义,这也表明了使用 Quantile 技术较传统 OLS 方法的优越性所在。

第5章　区域金融发展与经济增长阈效应分析

在众多对金融发展与经济增长关系的研究中,多数把中国各省市简单地按地域划分为东、中、西三个区域,并分别定义为发达地区、发展中地区和落后地区,然后通过对这些地区的金融数据进行简单的对比分析,指出这些地区的经济差距与金融差距存在一定的关联性,金融发达地区,经济也发达,经济的增长速度也快。现有的研究中虽然获得了一些比较好的结论,但却忽视了得到结论的前提,即地区金融发展与经济增长有何关联,为什么地区金融发展能够影响经济增长,贫穷地区和富裕地区的经济各自是以何种方式增长的,其经济增长与区域金融发展间是何种关系?国际上越来越多的学者认识到金融发展与经济增长并非简单的线性关系,金融发展对经济增长的促进作用的发挥是需要一定的条件的,二者关系并非一成不变,在一定的条件下两者之间的关系可能会发生结构性的变化。国内对区域金融发展与经济增长研究主要集中在两者之间的线性关系方面,对二者非线性关系方面研究较为不足;即使有研究者意识到两者之间可能存在非线性的关系,也由于研究者采取主观分类的数据处理方式,得出的结论说服力也不强。本章通过建立面板数据的阈效应计量分析模型,运用 bootstrap 方法对区域金融发展与区域经济增长间的阈效应和阈值点进行估计检验,揭示我国区域金融发展与经济增长间的非线性关系,并进一步分析金融发展对经济增长的促进作用的发挥所需的阈值条件。

5.1 阈效应回归模型设定与数据说明

利用非线性时间序列模型等统计方法证明并检验金融发展与经济增长的非线性关系主要有两种方法,一是以"时间(时期)"为结构转折点的非线性方法,如提出的马尔可夫区制转移模型(markov regime switching model);而另一种则是以"变量为结构转折点的非线性方法,如阈效应模型(threshold models)。相比之下,由于适用范围较广,"统计方法类"的研究手段在目前实证研究中得到了更加广泛的应用。本书试图利用以"变量"为结构转折点的非线性方法——面板数据阈效应回归模型来探讨我国金融发展与经济增长的关联性问题,为估计检验区域金融发展与区域经济增长间的阈效应和阈值点,可以建立一个包含不同区制的阈回归模型来进行实证检验,将地区经济增长速度作为因变量,地区金融增长速度作为自变量,并分别把地区金融发展水平和地区经济发展水平作为阈变量,检验地区金融发展速度对经济的实际增长速度是否具有阈值效应。

5.1.1 阈效应模型的设定

在阈回归模型中必须使用平衡的面板数据,形如$\{y_{it}, d_{it}, x_{it}: 1 \leqslant i \leqslant n, 1 \leqslant t \leqslant T\}$,其中下标$i$代表不同的地区,下标$t$代表时间,因变量$y_{it}$和阈变量$d_{it}$均为标量,自变量$x_{it}$是一个$k$阶向量,单阈值模型对应的方程为如下形式:

$$y_{it} = \mu_i + \beta_1' x_{it} I(d_{it} \leqslant \gamma) + \beta_2' x_{it} I(d_{it} > \gamma) + e_{it} \tag{5-1}$$

在公式(5-1)中,$I(\cdot)$代表指示函数,因此可以将方程(5-1)改写为:

$$y_{it} = \begin{cases} \mu_i + \beta_1' x_{it} + e_{it}, & d_{it} \leqslant \gamma \\ \mu_i + \beta_2' x_{it} + e_{it}, & d_{it} > \gamma \end{cases} \tag{5-2}$$

或者令$x_{it}(\gamma) = \begin{pmatrix} x_{it} I(d_{it} \leqslant \gamma) \\ x_{it} I(d_{it} > \gamma) \end{pmatrix}$,$\beta = (\beta_1', \beta_2')$,则方程(5-1)和(5-2)可以改写为:

$$y_{it} = \mu_{it} + \beta' x_{it}(\gamma) + e_{it} \tag{5-3}$$

由此我们可以发现,方程设定的阈值γ将观测值分为两个区间,分别对应不同的斜率系数β_1和β_2,这里要求x_{it}里面的元素属于时间变量,同时模型假设阈变量

d_{it}也属于时间变量,并且误差项e_{it}满足均值为0、方差为σ^2的独立同分布假设。

本书建立了三区制的阈回归模型,具体形式如下:

$$y_{it} = \mu_i + \theta wy_{it} + \acute{\beta_1}x_{it}I(d_{it} \leqslant \gamma_1) + \acute{\beta_2}x_{it}I(\gamma_1 < d_{it} \leqslant \gamma_2)$$
$$+ \acute{\beta_3}x_{it}I(\gamma_1 < d_{it}) + e_{it} \tag{5-4}$$

其中y_{it}代表省区i在第t年的经济增长速度,用真实人均GDP增速表示;wy_{it}为区域经济增长的空间滞后因子,计算方法同3.1节;x_{it}为地区金融增速,用人均存贷款总量表示,阈变量d_{it}将分别用地区人均GDP水平和人均存贷款资源水平代表,以观测区域经济金融水平在金融发展与经济增长关系中的阈值效应。

5.1.2 阈效应模型所使用数据的说明

由于我国金融市场化改革在20世纪90年代初才开始,考虑到数据的可靠性、完整性和平衡性,本书研究时间段选取为1992～2008年中国各省份的金融发展与经济增长情况,选取我国大陆31个省、自治区和直辖市数据。本书的主要数据取自《新中国五十年统计资料汇编》《中国统计年鉴》和中国经济信息网,数据包括各省份国内生产总值(亿元)、各省份CPI指数(%)、各省份人民币存款总额(亿元)、各省份人民币贷款总额(亿元)、各省份总人口(万人)等。表5-1是相关数据的描述统计信息。

表 5-1　各变量的统计描述

变量名	变量说明	最小值	25%分位数	中位数	75%分位数	最大值
y_{it}	经济增速	-0.30	8.53	10.36	12.40	49.82
wy_{it}	经济增长空间滞后因子	0.00	9.02	10.63	12.76	21.21
x_{it}	金融增速	-28.55	12.78	17.25	22.19	92.84
d_{it}^{1}	人均GDP水平	0.47	1.34	2.12	3.67	26.92
d_{it}^{2}	人均存贷款资源	1.56	7.75	15.20	28.24	365.35

通过模型变量的全样本的数值分位数统计,我们可以发现数据的一些特点,样本中的经济实际增长速度(即真实人均GDP增速)大部分都是正的,中位数是10.36%,大于8.53%的个数占到总样本数的75%;而代表各省相邻地区平均增速的经济增长空间滞后项则较为集中,有75%以上的数据集中于9.02%～21.21%

之间,由于海南省没有与其他省份直接相邻,因此根据空间相邻权重计算规则,其空间滞后因子为0;还可以发现在任何分位数水平上,人均存贷款额都要大于人均GDP水平,并且差距很大。经济增速和金融增速都存在着负增长的情况,这是由于物价因素导致的,从1991年到1994年中国经历了比较严重的通货膨胀,导致了部分地区扣除物价因素影响后的实际增长速度出现负值,这是符合中国实际的;样本中金融发展速度为负是由于中央银行为克服通胀而实行较强的信贷紧缩政策,导致有些区域金融资产实际增长大规模下降的结果。

5.2　地区经济发展水平对金融发展与经济增长关系的影响

为了检验阈效应是否存在以及确定对应的阈值数量,我们分别假定模型中不存在阈效应、存在单个阈效应、双阈效应以及三重阈效应,并分别进行 OLS 估计,然后利用他们的残差项构造对应的 F 检验。表 5-2 显示了以实际人均 GDP 作为阈变量时的阈效应检验结果,及其对应的 Bootstrap 模拟检验的 P 值,以及 10％,5％,1％水平下分别对应的临界值。我们发现单阈值模型对应的 F 值非常显著,对应的 P 值为 0.006;双阈值模型对应的 F 值也非常显著,对应 P 值为 0.031;但是三重阈效应检验对应 P 值相对偏大,达到了 0.136,因此在 5％的显著水平下,我们接受模型存在双阈效应的假设,即我国区域经济发展水平不但影响了金融发展与经济增长的关系,而且这种影响存在两个阈值。

表 5-2　阈效应检验结果

	10％	5％	1％	F 值	P 值
单个阈效应	16.612	19.271	24.201	25.621	0.006
双阈效应	55.182	71.984	112.042	120.36	0.031
三重阈效应	17.522	22.354	31.577	12.365	0.136

似然比函数图(图 5-1～图 5-3)提供了更多阈估计值的信息。图 5-1 到图 5-3 横轴代表阈变量的值,纵轴代表了似然比函数的值,当似然比函数值等于 0 时,对应的阈变量值就是我们需要的 γ 估计量。下方的水平虚线与似然比函数的两个交点对应的值定义了 γ 为 95％的置信区间。可以发现 γ_2 的阈效应比 γ_1 的阈效应更

强,因为在第一阶段的检验中,我们用的是单阈值模型,从中得到了 γ_2 的估计值,当似然比函数值等于 0 时,对应的阈估计值就是我们要估计的阈估计量 γ_2,由图 5-1 可以看出,$\gamma_2 = 1.522$。

Figure 1
Confidence Interval Construction in Single Threshold Model

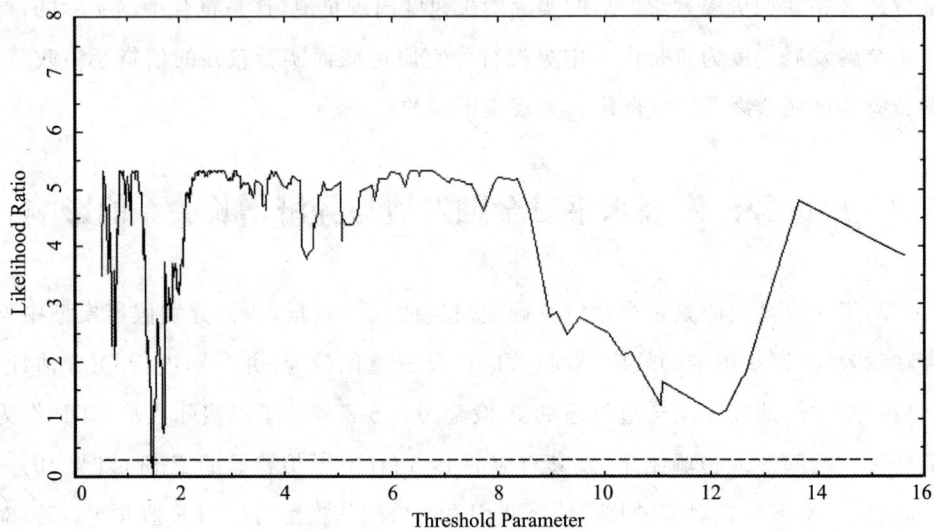

图 5-1　单阈模型的似然比函数图

Figure 2
Confidence Interval Construction in Double Threshold Model

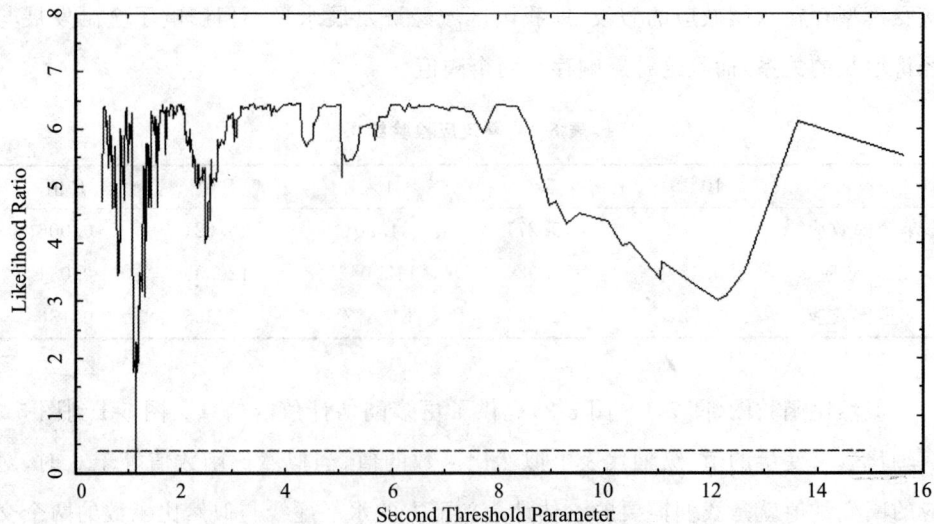

图 5-2　双阈模型的似然比函数图

Figure 3
Confidence Interval Construction in Double Threshold Model

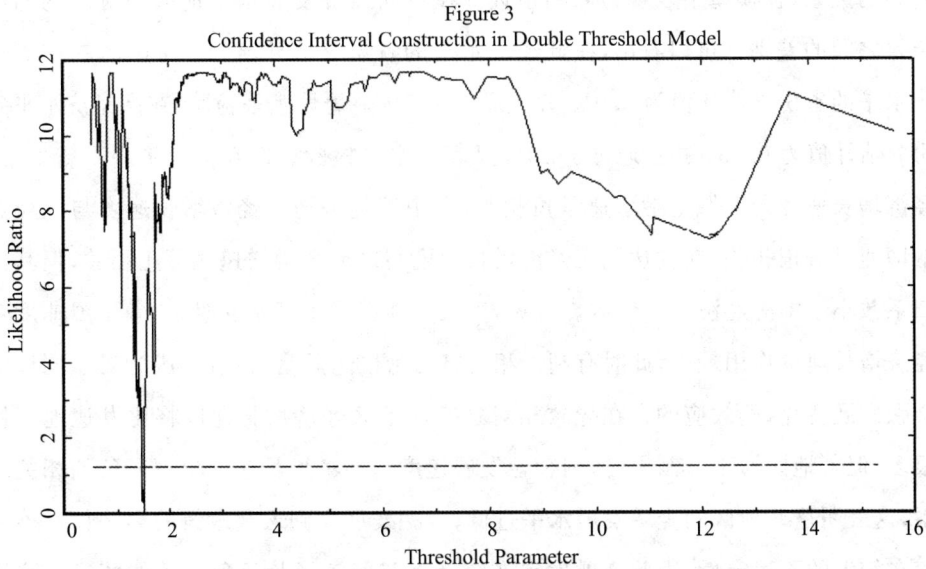

图 5-3 双阈模型重新估计的似然比函数图

图 5-2 对应的是似然比函数代表了第二阶段的回归。第二阶段的回归中我们使用的是双阈值模型。图 5-2 显示当 $\gamma_1 = 1.161$ 时似然比函数等于 0。根据前面的理论分析，我们知道 1.161 是 γ_1 的渐近有效估计值，但是在第一阶段的回归中，$\gamma_2 = 1.522$ 只是 γ_2 的一致估计量，所以我们需要通过第三阶段来重新估计 γ_2 的渐近有效值。图 5-3 显示了重新估计后 γ_2 的数值。当 $\gamma_2 = 1.492$ 时，对应的似然比函数值为 0。所以最终我们取 1.492 作为 γ_2 的估计值。通过似然比函数图我们获得了 γ_1、γ_2 的估计值分别为 1.161 和 1.492，根据两个阈值所划分的三个区间，我们把所有的省区分为经济发展水平较低、经济发展水平中等以及经济发展水平较高等三种类型，分别用区制Ⅰ、Ⅱ、Ⅲ表示。

表 5-3 显示了阈回归参数估计的结果，对应的 OLS 标准差（OLS SE），White 修正后的标准差（White SE），使用 White 修正后的标准差计算得到 t 值，当显著性水平为 5% 时，大样本下 t 分布的临界值接近正态分布的临界值 1.96。根据表 5-3 中的计算结果发现，周围地区的经济增长速度会影响本地的经济增长，这与前文的研究结论一致。同时还发现，经济发展水平的高低将会影响金融发展与经济增长

之间的关系,在模型中表现为回归系数 β 在不同经济发展水平地区中对应的回归结果之间的差别。可以看出,在低经济水平的省份 β 估计值为 -0.015,在中等经济水平的省份 β 估计值为 0.045 并且通过了 5% 显著性水平检验,在高经济水平省份 β 估计值为 0.031 并且通过了 10% 显著性水平检验。即在低经济水平省份中,经济增长速度与区域金融增速呈负相关,在中等经济地区经济增长速度与区域金融增速显著正相关,在发达地区经济增长速度与区域金融增速显著正相关,但其回归系数小于中等经济水平地区。可见,当某一地区属于区制Ⅱ时,金融发展速度对经济增长速度作用最大,此时有利于相对贫穷地区追赶富裕地区,因为对于同样的金融发展变化,阈效应的存在导致相对贫穷的地区经济增长速度将比发达地区快很多,但若地区属于区制Ⅰ时,则金融发展速度与经济增长速度出现了负的相关关系,这表明这些地区的金融发展水平过低,金融发展受到宏观政策的影响如紧缩而存在较大的不稳定性,因此金融发展在统计上与经济增长呈负相关的情况。这说明了经济发展水平对金融发展与经济增长的关系存在双重的阈效应,在经济发展水平落后的省份,金融发展反而阻碍了经济增长,在经济发展水平中等的省份,金融发展显著促进了区域经济增长,在经济发达的省份,金融发展对经济增长仍具有有力的促进作用,但其效果弱于经济中等水平的地区。

表 5-3　阈回归模型的参数估计结果

回归系数	估计值	OLS SE	White SE	t 值
θ	0.061	0.159	0.145	0.421
$\beta_1'(d_{it} \leqslant \gamma_1)$	-0.015	0.022	0.024	-0.626
$\beta_2'(\gamma_1 < d_{it} \leqslant \gamma_2)$	0.045	0.026	0.022	2.074
$\beta_3'(\gamma_1 < d_{it})$	0.031	0.020	0.019	1.647

　　根据实证结果,本书进一步统计了我国各地区每年属于每个区制的数目比例分布情况,如表 5-4 所示。可以发现,我国大部分地区起初属于经济发展水平较低的区制Ⅰ,此后,有一部分地区逐渐地步入区制Ⅱ,在 1996 年以后,进入区制Ⅱ的地区迅速增加,在 2000 年以后,属于区制Ⅱ的地区,又迅速地进入到了区制Ⅲ中,在 2008 年区制Ⅰ、Ⅱ、Ⅲ分别包含地区的数目比是 3∶0∶97,只有贵州一省的人均

GDP 水平仍在区制Ⅰ以内。

表 5-4 各区制内省区个数占比情况

年份	1993	1994	1995	1996	1997	1998	1999	2000
区制Ⅰ	74	61	52	48	29	19	13	10
区制Ⅱ	3	16	19	19	29	32	32	26
区制Ⅲ	23	23	29	32	42	48	55	65
年份	2001	2002	2003	2004	2005	2006	2007	2008
区制Ⅰ	10	6	6	6	6	3	3	3
区制Ⅱ	13	6	6	3	0	3	0	0
区制Ⅲ	77	87	87	90	94	94	97	97

5.3 地区金融水平对金融发展与经济增长的影响

为了检验地区金融发展程度对区域金融和区域经济的关系是否同样存在阈效应,采用类似的方法,将地区金融水平作为阈变量,检验模型是否存在阈效应、单个阈效应、双阈效应以及三重阈效应。表 5-5 显示了以地区人均存贷款总额作为阈变量时的阈效应检验结果,及其对应的 Bootstrap 模拟检验的 P 值,以及 10%、5%、1%水平下分别对应的临界值。在 5%的显著水平下,接受模型存在双阈效应的假设,即我国地区金融水平同样也会影响区域金融发展与经济增长的关系,且存在两个阈值。

表 5-5 阈效应检验结果

	10%	5%	1%	F 值	P 值
单个阈效应	18.489	22.511	32.012	33.031	0.010
双阈效应	20.125	29.686	105.490	105.360	0.011
三重阈效应	11.959	14.672	27.454	9.138	0.166

根据似然比函数可以获得 γ_1、γ_2 的估计值分别为 13.846 和 83.505,根据两个

阈值所划分的三个区间,同样可以把所有的省区分为金融发展水平较低、中等以及较高三种类型,分别用区制Ⅰ、Ⅱ、Ⅲ表示。表 5-6 显示了阈回归参数估计的结果,对应的 OLS 标准差(OLS SE),White 修正后的标准差(White SE)。根据表 5-6 中的计算结果发现,在较低金融水平的省份 β 估计值为 -0.031,在中等金融水平的省份 β 估计值为 0.200 并且通过了 5% 的显著性水平检验,在高经济水平省份 β 估计值为 0.075。即在低金融水平省份中经济增长速度与区域金融增速呈负相关,在中等金融发展水平地区经济增长速度与区域金融增速显著呈正相关,在发达地区经济增长速度与区域金融增速也呈正相关,但其回归系数小于中等经济水平地区且不十分显著。这样,我们得到了与前面小节相类似的结论,即当某一地区属于区制Ⅱ时,金融发展速度对经济增长速度作用最大,此时有利于相对金融资源相对匮乏地区追赶金融富裕地区,但若地区属于区制Ⅰ时,则金融发展速度与经济增长速度出现了负的相关关系,这表明这些地区的金融发展水平过低,即使金融发展速度加快也不能带来经济增长的加速,甚至可能会产生相反的结果。

表 5-6　阈回归模型的参数估计结果

回归系数	估计值	OLS SE	White SE	t 值
θ	0.116	0.161	0.161	0.716
$\hat{\beta_1}(d_{it} \leqslant \gamma_1)$	-0.031	0.017	0.020	-1.542
$\hat{\beta_2}(\gamma_1 < d_{it} \leqslant \gamma_2)$	0.200	0.095	0.088	2.257
$\hat{\beta_3}(\gamma_1 < d_{it})$	0.075	0.081	0.061	1.243

对我国各地区每年属于每个区制的数目比例分布情况统计分析如表 5-7 所示。可以发现,在初始阶段,我国没有一个地区进入区制Ⅲ,大部分地区属于金融发展水平较低的区制Ⅰ,这种状况一直持续到 2000 年才有所改观。此后,有一部分属于区制Ⅱ的地区逐渐地步入区制Ⅲ,同时区制Ⅰ进入区制Ⅱ地区的速度也在加快,在 2007 年以后,全部地区都脱离了区制Ⅰ,说明我国区域金融发展的变化很快,变动程度也很大,对此需引起注意。

表 5-7 各区制内省区个数占比情况

年份	1993	1994	1995	1996	1997	1998	1999	2000
区制 I	94	90	87	87	84	71	71	61
区制 II	6	10	13	13	16	29	29	32
区制 III	0	0	0	0	0	0	0	6
年份	2001	2002	2003	2004	2005	2006	2007	2008
区制 I	52	45	32	19	6	3	0	0
区制 II	42	48	61	74	84	87	87	87
区制 III	6	6	6	6	10	10	13	13

5.4 本章小结

利用面板数据阈效应回归模型对我国金融发展与经济增长的关联性问题进行了定量分析,建立一个包含不同区制的阈回归模型来估计检验区域金融发展与区域经济增长间的阈效应和阈值点,通过将地区经济增长速度作为因变量,地区金融增长速度作为自变量,并分别把地区金融发展水平和地区经济发展水平作为阈变量,检验地区金融发展速度对经济的实际增长速度是否具有阈值效应。

从我国各省市数据来看,由于经济发展水平不均导致的金融发展不均,在经济发展水平不同的地区,金融发展对经济增长的作用也不同。区域经济发展水平和金融资源富集程度确实影响了金融发展与经济增长之间的关系,在模型中体现为人均实际 GDP 和人均存贷款额作为阈变量均对金融发展与经济增长的关系存在双重阈效应;在经济发展水平高的地区,金融发展明显地促进了经济增长;在经济发展水平低的地区,金融发展阻碍了经济的增长;在经济发展水平中等的地区,金融发展对经济增长具有显著的促进作用。经济发展水平低的地区,金融发展受到经济条件的限制,又反过来阻碍了投资资源的优化配置,从而阻碍了经济增长;随着金融发展水平的提高,金融发展对经济增长的阻碍作用得到改善,当一个地区的经济达到了中等经济水平时,金融发展对经济增长作用加强;当经济发展到一个比较高的水平时,金融机构作用的发挥不再受经济水平的制约,金融机构可以充分发挥在改善投资、降低风险等方面的作用,从而促进了整个经济的增长。从我国的实际情况来看,在中等经济水平地区和经济发达的地区,由于金融发展的促进作用,经济将会发展得更快;但是在经济落后的地区,由于金融发展的阻碍作用,经济发展更加缓慢,从而导致区域经济发展的不平衡问题将会更加严重。

第6章　货币政策的区域效应与政策建议

　　由于区域金融发展水平是区域经济收敛的关键影响因素,因此政府可以通过宏观调控手段影响金融资源的区域配置,进而实现通过调控金融来促进经济均衡发展的目标。但是在地区层面上,其执行效果至少受到以下因素影响:第一,地区经济结构特征因素。不同产业、不同企业对货币信贷的需求弹性和吸引力不同,区域经济中产业、企业的结构差异将导致统一货币政策下各地的信贷投放不同;第二,地域金融特征因素。不同区域的现金漏损率和存款增长能力不同,统一的利率和存款准备金政策对不同区域的作用力大小相异,产生不同的效果;第三,在占支配地位的国有商业银行采取"总行—分行"体制下,由总行统一调配信贷资源,面对货币政策和盈利的双重压力,对不同地区会采取"有保有压"的措施,导致不同地区的信贷投放受到不同的影响;第四,地理空间效应。根据 Tobler(1970)的地理学第一定律:"在地球上,任何事务都和其他事务有关系,距离近的比距离远的关系更大",货币政策实施效果的地区差异必定与我国区域间的地理位置和空间关系有关。本章采用空间计量经济学方法,利用 2004 年 1 月—2007 年 12 月我国大陆 31个省区月度面板数据,分析 2004 年以来货币政策对各省信贷投放的不对称影响。与现有的研究相比,一方面本书的分析视角深入省际区域的角度,相比当前大部分研究简单地从东、中、西部划分经济区域进行分析更为详尽;另一方面本书从金融地理的视角出发,强调了地理空间效应在区域信贷投放中的作用,弥补了国内相关研究的不足。

6.1 货币政策的区域效应的理论分析

货币政策区域效应研究的理论基础,最初是依据货币主义或凯恩斯主义的货币理论。货币主义学者证明货币供应量对区域经济增长产生影响,进而通过产品需求的经济增长弹性表现出货币政策的区域影响差异;凯恩斯学派则证明是由于利率渠道的地区差异带来货币政策的区域效应。1961 年蒙代尔开创性地提出最优货币区理论,吸引了众多的学者在此框架下展开新的研究,有力地推动了货币政策区域效应的理论和实证研究的发展。20 世纪 80 年代以来,新凯恩斯主义和后凯恩斯主义逐渐成为理论前沿,二者均以信息不对称为前提,从信贷配给理论下的信用传导机制入手研究货币政策,但前者认为金融结构差异导致货币政策的区域效应,而后者则认为货币内生性、银行发展阶段和流动性偏好的地区差异才是真正原因(张晶,2006)。在研究方法上,货币学派主要运用圣·路易斯方程的简约式模型进行研究(Beare,1976);而新古典综合学派则多基于大型区域宏观模型。在研究技术上,随着计量经济学的发展,向量自回归模型(Vetor Autoregression Model,VAR)和脉冲响应函数(Impulse Response Function,IRF)在货币政策区域效应研究中得到日益广泛的应用(Bayoumi,1992)。

从实证研究的成果来看,主要集中于对最优货币区的验证、货币政策区域效应存在性及其作用机制的分析。考察不同的国家是否构成一个最优货币区的实证方法,包括供给冲击、需求冲击相关性标准(Frenkel,1999;Sato,2003)、商业周期相关性标准和经济结构上相似性指数(Horvath,2003)等方面。在货币政策区域效应的验证上,Carlino 和 Defina(1998)、Arnold(2002)和 Guiso(1999)等均证实,经济结构差异确实导致了单一货币政策的区域效应差异。在货币政策区域效应作用机制方面,现有成果表明利率渠道、信贷渠道和汇率渠道是货币政策区域效应的原因。Ganley 和 Salmon(1997)、Hayo 和 Uhlenbrock(1999)研究发现,利率渠道发挥作用与地区产业构成紧密的关系,资本密集型的产业和产品对利率变化的敏感度高,因而受货币政策的影响也大。新凯恩斯主义学者强调信贷渠道特别是银行在货币政策传导机制中发挥的作用,如 Kashyap 和 Stein(1997)认为中央银行单一的货币政策对银行体系较弱、公司与银行规模较小、非银行金融资源可得性较差的地区影响更加强烈。Owyang 和 Wall(2004)对美国八大经济区的研究则表明,利率渠道和信贷渠道都对货币政策区域效应有一定的解释力。Dornbusch(1998)则认为,货币政策可以通过汇率影响地区贸易额和净出口额,因此对经济开放程度高的国家或地区,货币政策对经济影响效果显著,对经济开放程度低的国家或地区,货币政策的效果微弱一些。

国内理论界关于货币政策区域差别化问题的研究主要从实证的角度来分析,这些研究大多倾向以计量经济学为工具,以国内数据为依托,重点分析中国是否存在最优货币区和是否应该实行区域差别化的货币政策。骆玉鼎(1998)、柯冬梅(2001)、贾卓鹏和贺向明(2004)、马根发(2005)、宋旺和钟正生(2006)等从蒙代尔的"最优货币区"理论出发,运用"最优货币区"的判定标准,研究认为当前中国还不是最优货币区,进而提出货币政策应当适当区域化。贾广军(2002)、耿同劲(2003)、范祚军(2005)、刘玄(2006)和王满仓(2006)等对货币政策区域效应问题进行了研究,均表明我国区域间经济差异性影响货币政策工具的有效性,统一货币政策的作用时滞和作用效果存在区域性差异,货币政策有实行区域化的必要;但孙天琦(2004)则认为货币政策必须坚持统一性的大前提,不可轻言区域化,但是部分内容可以探索差别化。

综观现有的研究成果,区域经济结构差异确实是货币政策产生区域影响的一个原因,但正如后凯恩斯主义者指出的,任何其他宏观经济政策也都会面临这个问题,因此仅从地区经济结构差异角度挖掘货币政策区域效应并没有特别的研究意义(张晶 2006),而应当突破最优货币区理论框架,结合金融结构差异特别是导致银行信贷资金配给的区域性特征研究上,重视货币政策对银行、企业的金融行为的影响;在实证方法上,VAR 模型本身的一些缺陷和不足,降低了研究结论的有效性(张晶,2007),因此,关于货币政策区域效应的检验方法还有待于进一步挖掘,本文对此进行了有益的尝试,主要采用包含大量数据信息的面板数据,通过建立空间面板数据模型对我国货币政策对区域金融特别是信贷投放的影响进行了更深一步的探讨,其结果也更具解释力与说服力。

6.2　统一货币政策下信贷投放的区域效应：实证研究

6.2.1　理论框架

货币政策作为宏观调控的重要手段，以总量调节为主，所依据的传导过程为：中央银行→金融机构→经济实体部门→宏观经济。当前国内对货币政策区域效应的研究中，基本上是以货币供应量冲击对区域经济的影响为对象（曹永琴，2007；孔丹凤等，2007），并多以区域信贷投放量直接替代货币供应量。这些研究实质上将区域信贷投放等同于货币政策，忽视了货币政策从"中央银行→金融机构"的传导过程。本书认为，区域信贷投放是货币政策的结果而不能等同于货币政策本身。因此在本文的研究框架内，区域信贷投放将作为被解释变量，而将利率、存款准备金率等宏观货币政策和商业银行的反应等作为解释变量，以此分析央行统一的货币政策引起区域信贷投放的不对称效应。

利率政策作为价格手段是货币政策的重要内容，但国内相关研究中均认为我国利率调控的作用并不显著，并提出利率不宜作为当前我国货币政策调控的目标。本书认为这些文献均以年度数据为基础，一方面数据序列较短，另一方面我国曾连续数年利率未作调整，因此数据信息量不足有可能影响研究结论，对此本书将利用2004 年至 2007 年底的月度数据进行实证检验。

国内多数研究认为，由于我国的信贷大部分投放给工业企业并更倾向于国有企业，因此国有企业占比高的地区，其信贷投放受到的冲击较小；但本书认为，在国有商业银行改革已经深化、其行为更多遵循市场规律的今天，商业银行在进行贷款项目评估的时候更为注重的是贷款风险与收益的权衡，在此背景下国有企业对商业银行是否依旧具有很强的吸引力，本书将进行验证。

存款准备金率作为重要的数量控制手段，是我国近年来使用频率最高的主要货币政策。在区域执行的层面上，不同区域的现金漏损率和存款增长能力不同，统一的存款准备金政策对不同区域的作用力大小相异，因此会产生不同的效果，存款增长能力强、贷存比低的地区,信贷投放受到的冲击会比较小。

另外从金融地理的视角来看,地理空间效应必定会影响区域信贷投放的执行效果。尽管传统的观点认为信息交流的速度削弱了空间作用,但是金融地理学的研究表明,地理因素仍然是金融发展的重要因素。如 Porteous(1995)指出,物理距离是金融交易的影响因素,物理距离近,则信息不对称性所造成的空间效应就小,风险就小;反之,物理距离远,信息不对称性就大,则风险就大。Clark 和 Wojcik(2003)对德国的研究表明,不仅国家边界而且区域边界对市场透明度和有效性至关重要;易会满(2004)通过分析国内长三角地区经济发展的现状和金融资本流动的实际情况,提出了地区金融联动策略。因此有理由相信,货币政策实施效果的差异必定与我国区域间的地理位置和空间关系有关。

6.2.2　区域信贷投放的空间关联分析

1. 空间自相关(Spatial Autocorrelation)分析

空间自相关是一种空间统计方法,可以揭示出区域经济变量的空间分布特征和区域间的相互作用,主要是通过引入空间权重矩阵 W_{ij},将空间关系加以量化进而检测数据分布在空间上是否具有相关性或随机性发生,即一个空间单位所呈现的可观察数据是否与相邻的其他空间单位之间具有某种聚集或扩散的空间关联(Anselin,1988)。W_{ij} 是一个由 0 和 1 所组成的 n 阶对称矩阵,通常根据行政区之间的相邻性来界定邻近关系。W_{ij} 等于 1 时,表示两行政区 i、j 的边界接壤,W_{ij} 等于 0 则代表不相邻,当 $I=j(i=j)$ 时 $W_{ij}=0$。因此空间权重矩阵 W_{ij} 可以表示如下:

$$W_{ij} = \begin{pmatrix} 0 & w_{12} & \cdots & w_{1n} \\ w_{21} & \ddots & & \vdots \\ \vdots & & \ddots & \vdots \\ w_{n1} & \cdots & \cdots & 0 \end{pmatrix} \tag{6-1}$$

在反映空间相邻区域单元观测值的相似程度指标中,Moran's 指数 I 最为常用且测试结果最好(Anselin,1998),因此本书亦采用 Moran's 指数 I 作为空间相关指标。Moran's 指数 I 定义为：

$$I = \frac{n}{\sum\limits_{i=1}^{n}\sum\limits_{j=1}^{n}W_{ij}} \cdot \frac{\sum\limits_{i=1}^{n}\sum\limits_{j=1}^{n}W_{ij}(x_i - \bar{x})(x_j - \bar{x})}{\sum\limits_{i=1}^{n}(x_i - \bar{x})^2}, \quad i \neq j \qquad (6-2)$$

在本书研究中，$n=31$ 代表我国大陆 31 个省级行政区域（由于数据原因未能包括我国港、澳、台地区），x_i 为第 i 个空间单元的区域信贷投放情况（本书采用金融机构年末贷款余额作为指标）。Moran's 指数 I 值介于 $-1 \sim 1$ 之间，若 Moran's I 值为正且越大表示邻近区域的正相关性越强，呈现空间聚集；接近 0 表示邻近区域独立无相关，呈现随机的分布；若小于 0，则表示邻近区域为负相关。

2.我国区域信贷投放的空间关联分析结果

本书利用各地区金融机构年末贷款余额作为信贷资源供给指标，采用我国大陆 31 个省级行政区域 1987、1997、2007 年的统计数据，使用 GeoDa0.95i 软件，Moran's I 指数计算结果及其检验如表 6-1 所示。

表 6-1　我国区域信贷投放自相关系数（Moran's I）值及其检验

指标值	1987	1997	2007
Moran's I 指数	0.0798	0.1180	0.3033
P 值	0.1350	0.0740	0.0040

表 6-1 中区域信贷投放的空间自相关系数 Moran'I 均大于 0，表明我国的 31 个省级行政区之间，以金融机构贷款余额为代表的区域信贷投放在空间分布上具有一定的正自相关关系和空间依赖性；并且随着时间的推移，Moran's I 指数逐渐增大，显著性水平也逐渐增强，表明我国区域信贷投放的正自相关关系和空间依赖性在不断加强。

6.3 统一货币政策下信贷投放区域效应的面板空间计量分析

6.3.1 模型的设计、变量说明及数据来源

国内现有的实证研究,多采用非约束性向量自回归(VAR)模型,但 VAR 模型过多地强调了模型与数据相吻合,而忽视了与经济理论的一致,同时从计量角度看,由于 VAR 系统中的不同变量间通常是彼此相关的,因此 VAR 模型各方程的残差间也通常是相关的,于是建立在这一模型基础上的脉冲响应函数和方差分解的结果通常都是有偏失的,不能真正反映出变量对残差波动的响应情况。本书利用面板数据(Panel Data)模型对我国货币政策区域效应的不对称性进行实证检验,其优势在于:第一,明显扩大了样本的容量,提供了更多信息和自由度,能够有效地减少解释变量出现多重共线性的可能性;第二,能够更好地解决计量模型中忽略变量与解释变量的相关性,从而使得参数估计结果更为可信;第三,能够控制个体的异质性,可以在很好控制各地区本身固有个体差异的基础上,清晰地比较政策层面对不同地区的影响。

上节已由 Moran's I 指数表明,我国区域信贷投放在空间分布上具有正自相关关系和空间依赖性,因此可以将空间延迟变量加入方程,利用空间面板回归模型进行空间效应的计量检验,模型如下:

$$Y_{it} = \alpha_i + \beta_i I_{it} + \gamma R_{it} + \delta_i D_{it} + \rho_i W y_{it} + \eta_i S_{it} + u_{it} \quad i = 1,2,\cdots,31; t = 1,2,\cdots,48$$

$$(6-3)$$

其中,Y 为因变量,本研究中为地区当月人民币贷款余额(代表信贷投放量);I 和 R 为宏观政策变量,分别代表利率和存款准备金率[①];D 为地区当月人民币存款余额,代表地区存款能力;与传统回归模式不同的是,该模型将邻近地区的因变量平均值 Wy 作为自变量,称为空间延迟项,若系数 ρ 达到统计显著的水平,表示在

———————————

① 若政策调整在当月 15 日之前,则认为变动发生在当月;否则认为变动发生在下月。

控制了其他因素之后,邻近地区对本地具有影响力,可以证明地理邻近效应的存在;S 为地区经济结构向量,用国有企业产值占工业总产值的比重表示;u 为误差向量。各变量的数据为我国大陆 31 个省区,2004 年 1 月—2007 年 12 月共 48 个月的数据,来源于中国经济信息网宏观经济数据库,为了减少异方差和自相关,以上数据均以自然对数形式进入方程。

为了考察变量间的长期均衡关系,首先要对各变量进行面板数据单位根检验,并进行协整检验。面板数据的单位根和协整理论是对时间序列的单位根和协整理论研究的继续和发展,它综合了时间序列和横截面的特性,通过加入横截面能够更加直接、更加精确地推断单位根和协整的存在,更有应用价值。面板数据单位根的检验主要有 Levin、Lin 和 Chu 方法(LLC 检验)、Im、Pesaran 和 Shin 方法(IPS 检验)、Maddala 和 Wu 方法(MW 检验)等(表 6-2),在将空间因素内生化以后,由于本书所使用的数据属于独立的异质面板类型,因此本书采用 IPS 异质面板检验。

表 6-2   面板单位根检验的主要估计方法

估计方法	面板数据结构	检验	原创文献
POLS	独立的同质面板	LLC 检验	Levin et al.(1992)
OLS	独立的异质面板	IPS 检验	Im et al.(1995)
FGLS	同期相关面板	SUR-DF 检验	Abuaf et al.(1990)
IV-OLS	相关面板	S_N 检验	Chang(2002)

其中,IPS 方法首先对面板数据的不同截面系列分别进行单位根检验,通过综合各个截面的检验结果,构造 W 统计量对整个面板数据是否含有单位根做出判断,详细原理与步骤请参阅 Im、Pesaran 和 Shin(1995,1997),本书利用 Eviews 6.0 软件检验结果如表 6-3。

表 6-3 面板数据单位根检验结果

	变量	说明	IPS 检验 W 值	P 值	是否平稳
因变量	$\ln(loan_{it})$	人民币贷款当月余额(对数值)	11.5459	1.0000	否
	$\Delta\ln(loan_{it})$	$\ln(loan_{it})$ 的一阶差分	−23.9327	0.0000	是
	$lloan_{it}$	中长期贷款当月同比增长速度	−5.35353	0.0000	是
自变量	$\ln(wgh_{it})$	空间延迟项(对数值)	12.9776	1.0000	否
	$\Delta\ln(wgh_{it})$	$\ln(wgh_{it})$ 的一阶差分	−19.4915	0.0000	是
	$\ln(dep_{it})$	人民币存款当月余额(对数值)	4.38723	1.0000	否
	$\Delta\ln(dep_{it})$	$\ln(dep_{it})$ 的一阶差分	−21.6462	0.0000	是
控制变量	$\ln(strate)$	国有企业产值占工业总产值比例(年度数据)	1.60538	0.9458	否
	$\Delta\ln(strate)$	$\ln(strate)$ 的一阶差分	−33.6028	0.0000	是
	$\ln(int)$	一年期贷款基准利率	20.6011	1.0000	否
	$\Delta\ln(int)$	$\ln(int)$ 的一阶差分	−33.1490	0.0000	是
	$\ln(res)$	存款准备金率	30.9366	1.0000	否
	$\Delta\ln(res)$	$\ln(res)$ 的一阶差分	−941121	0.0000	是

由表 6-3 可以看出,除中长期贷款当月同比增长速度(lloan)外,其余变量均存在单位根,而在取一阶差分后其结果均在 1% 显著性水平下表现为无单位根,因此说明 lloan 为平稳序列,其余变量均为一阶单整 $I(1)$,在此基础上可以继续判断变量间是否存在协整关系。面板协整检验属于当前国际相关研究的前沿和热门领域,本书利用 Pedroni 的 7 个统计量(Pedroni,1999、2001)、Kao 检验的 ADF 统计量(Kao,1999),和 Johansen 统计量(Maddala and Wu,1999)对变量间的协整关系进行验证,具体检验原理和方法可参考相关文献,检验结果如表 6-4。

表 6-4　面板数据协整检验结果[①]

检验方法	统计量	统计量值	P 值
Pedroni (Engle-Granger based)	Panel v-Statistic	−3.295237	0.0017
	Panel rho-Statistic	2.393361	0.0228
	Panel PP-Statistic	−2.879728	0.0063
	Panel ADF-Statistic	−5.275953	0.0000
	Group rho-Statistic	4.465873	0.0000
	Group PP-Statistic	−0.783383	0.2935
	Group ADF-Statistic	−1.837688	0.0737
Fisher (Combined Johansen)	None	572.0000	0.0000
	At most 1	213.3000	0.0000
	At most 2	97.1900	0.0029
	At most 3	43.8300	0.9611
	At most 4	19.1100	1.0000
	At most 5	39.9000	0.9869
Kao (Engle-Granger based)	ADF t-Statistic	−4.651514	0.0000

由表 6-4 的检验结果可以发现,所有的检验一致支持我国区域信贷投放额与我国的货币政策、地理效应、区域经济结构等相关变量之间存在长期、稳定均衡的关系。多个检验取得一致结果,说明结论是非常可靠的,在此基础上可以进一步估计我国货币政策等变量对区域信贷投放的影响程度,从而了解我国统一货币政策下区域信贷投放的区域效应。

6.3.2　计量模型的参数估计

本研究中横截面 N 为固定的 31 个,而时间序列 T 为 48 期,相对较大;同时由

---

① 本表是使用对数化的数据进行检验,各截面检验结果与总体结果一致,因篇幅所限不能一一列出。

于各种经济形态中存在的共同事件（这里为利率和存款准备金率）对不同横截面误差的影响方式类似，故会存在同期相关，因此本文采用 Zellner(1962) 的似无相关回归(Zellner Seemingly Unrelated Regression,SUR)方法进行参数估计。该方法考虑到回归方程间残差的相关性，即 $E(\varepsilon_{it}\varepsilon_{jt})=\sigma_{ij}$，采用 GLS 方法估计，其步骤如下：

第一步使用 OLS 方法分别估计每个方程并求残差(u_{it})。将公式(6-3)改写为通式 $y=\alpha+X\beta+u$，利用 OLS 方法对参数 α 和 β 进行估计：

$$\hat{\beta} = \Big[\sum_{i=1}^{N} \sum_{t=1}^{T} (x_{it}-\bar{x}_i)'(x_{it}-\bar{x}_i) \Big]^{-1} \Big[\sum_{i=1}^{N} \sum_{t=1}^{T} (x_{it}-\bar{x}_i)'(y_{it}-\bar{y}_i) \Big] \quad (6\text{-}4)$$

$$\hat{\alpha}_i = \bar{y}_i - \hat{\beta}\bar{x}_i \quad (6\text{-}5)$$

第二步使用残差估计方差和协方差(σ_{ij})，σ_{ij} 的估计值 s_{ij} 的估计方法为：

$$s_{ij} = \frac{[(y_i-\hat{\alpha}_i-x_i\hat{\beta})'(y_j-\hat{\alpha}_j-x_j\hat{\beta})]}{T} \quad (6\text{-}6)$$

其协方差矩阵的估计式为：

$$\hat{\Sigma}_N = \begin{bmatrix} s_{11} & s_{12} & \cdots & s_{1N} \\ s_{21} & s_{22} & \cdots & s_{2N} \\ \vdots & \vdots & & \vdots \\ s_{N1} & s_{N2} & \cdots & s_{NN} \end{bmatrix} \quad (6\text{-}7)$$

第三步使用上一步中求得的估计值来计算所有参数的广义最小二乘估计值(FGLS)：

$$\hat{\beta}_{SUR} = [(x_{it}-\bar{x}_i)'(\hat{\Sigma}\otimes I_T)^{-1}(x_{it}-\bar{x}_i)]^{-1} [(x_{it}-\bar{x}_i)'(\hat{\Sigma}\otimes I_T)^{-1}(y_{it}-\bar{y}_i)]$$

$$(6\text{-}8)$$

利用 SUR 方法，建立固定效果的变系数面板数据模型，对我国统一货币政策下信贷投放的区域效应进行分析，为了验证地理邻近效应的存在，对加入空间滞后因子之前、之后的面板数据模型进行对比，计算结果如表 6-5 所示。

表 6-5　我国统一货币政策下区域信贷投放的不对称影响效应计算结果

地区	不含空间滞后因子的面板回归方程				含有空间滞后因子的面板回归方程				
	$\ln(int(-6))$①	$\ln(res)$	$\Delta\ln(dep)$	$\ln(strate)$	$\ln(int(-6))$	$\ln(res)$	$\Delta\ln(wgh_{it})$	$\Delta\ln(dep)$	$\ln(strate)$
北京	0.10	−0.03	0.22***	−0.07***	0.09	−0.02	0.15*	0.22***	−0.06**
天津	−0.10	0.01	0.46***	0.03**	−0.10	0.01	0.39***	0.34***	0.03**
河北	−0.05	0.02	0.35***	−0.01	−0.03	0.01	0.93***	−0.06	0.00
山西	−0.05	0.02	0.44***	0.00	−0.05	0.02	0.67***	0.25***	0.00
内蒙古	−0.05	−0.02	0.31***	−0.06***	0.02	−0.03	0.43***	0.22***	−0.05**
辽宁	−0.15	0.03	0.87***	−0.09***	−0.12	0.05*	1.2***	0.4***	0.01
吉林	−0.17	0.05	0.37***	−0.01	−0.06	0.02	0.91***	0.28***	0.01
黑龙江	−0.03	0.02	0.23*	−0.01	0.12	0.01	1.13***	−0.04	−0.03*
上海	−0.02	0.01	0.2***	0.00	−0.02	0.01	0.41***	0.16***	0.03
江苏	0.09	−0.03	0.55***	0.03***	0.09*	−0.03*	1.24***	0.2***	0.01
浙江	0.00	−0.04***	0.31***	−0.19***	0.01	−0.03*	0.7***	0.08***	−0.1***
安徽	−0.02	0.01	0.25***	0.00	−0.06	0.02	0.81***	0.2***	0.01
福建	−0.13	−0.01	0.13***	−0.12***	−0.11	0.00	0.76***	0.02	−0.07***
江西	−0.03	0.02	0.32***	0.01	−0.1*	0.03*	0.96***	0.04	0.00
山东	−0.08*	0.00	0.45***	−0.06***	−0.05	0.00	0.58***	0.2***	−0.02
河南	−0.09	0.02	0.51***	−0.02**	−0.04	0.00	0.78***	0.27***	−0.01
湖北	−0.02	0.01	0.47***	0.00	−0.02	0.01	0.94***	0.2***	0.00
湖南	−0.11	0.02	0.2***	−0.1***	−0.14**	0.03	0.94***	0.02	−0.06***
广东	0.1*	−0.02	0.19***	0.00	0.11**	−0.02	0.54***	0.21***	0.00
广西	−0.09	0.02	0.47***	0.00	−0.13***	0.04***	1.07***	0.34***	0.02
海南	0.01	0.01	0.19***	0.03**	−0.04	0.02	0.44***	0.14**	0.03*
重庆	0.07	−0.02	0.89***	0.00	0.08*	−0.02	0.69***	0.6***	−0.02**
四川	0.03	−0.02	0.5***	0.03**	0.01	−0.02	0.79***	0.06	0.00
贵州	0.00	0.00	0.57***	0.02	−0.01	0.00	0.66***	0.52***	0.01
云南	0.02	−0.01	0.34***	0.01	0.00	−0.01	0.86***	0.13**	0.02*

①　利用 AIC 准则确定利率对区域信贷投放影响为滞后期 6 个月。

续表

地区	不含空间滞后因子的面板回归方程				含有空间滞后因子的面板回归方程				
	$\ln(int(-6))$[①]	$\ln(res)$	$\Delta\ln(dep)$	$\ln(strate)$	$\ln(int(-6))$	$\ln(res)$	$\Delta\ln(wgh_{it})$	$\Delta\ln(dep)$	$\ln(strate)$
西藏	0.27	−0.09	0.17*	0.01	0.26	−0.09	0.23	0.07	0.02
陕西	0.12	−0.03	0.54***	−0.01**	0.10	−0.03	1.1***	0.04	−0.01
甘肃	−0.05	0.01	0.4***	0.02*	−0.08	0.02	0.76***	0.22***	0.02*
青海	−0.13	0.07***	0.1***	0.04*	−0.14**	0.06***	0.75***	0.03	0.05**
宁夏	−0.07	−0.02	0.43***	−0.08***	−0.05		0.7***	0.3***	−0.03**
新疆	−0.10	0.04	0.47***	0.03	−0.12	0.04	0.5***	0.46***	0.05*

不含空间滞后因子的面板回归方程	含有空间滞后因子的面板回归方程
R-squared 0.7075 Mean dependent var 0.1470 Adjusted R-squared 0.6683 . D. dependent var 1.8899 S. E. of regression 1.0374 Sum squared resid 1234.358 F-statistic18.0187 Durbin-Watson stat2.1206 Prob(F-statistic) 0.0000	R-squared0.9221 Mean dependent var0.8494 Adjusted R-squared 0.9091 S. D. dependent var 4.7333 S. E. of regression 1.0493 Sum squared resid 1228.757 F-statistic 71.3719 Durbin-Watson stat 2.1515 Prob(F-statistic)0.0000

注:*、**、***分别表示在10%、5%、1%显著性水平下拒绝系数为零的假设。

6.3.3 对计算结果的分析说明

1.空间因素对区域信贷投放具有显著的重要影响

根据表6-5可以发现,与传统面板回归方程相比,加入空间滞后因子的空间面板回归模型拟和优度(R^2)由0.7075提高到0.9221,并且在加入空间滞后因子后,普通面板回归方程中的很多原本不显著的变量变得显著,证明空间滞后回归方程的解释能力更强[②];空间滞后因子的系数中,除西藏地区系数不显著、北京地区系数

---

① 利用 AIC 准则确定利率对区域信贷投放影响为滞后期为 6 个月。

② 因此本书后续的分析均建立在含有空间滞后因子的回归方程结果基础上。

显著性水平为10%外,在其他地区全部通过了1%水平下的显著性检验,这表明空间地理因素对于区域信贷投放具有非常明显的作用。空间滞后因子的系数均为正数,且平均值为0.74,即相邻地区信贷投放增速每增加1%,会引致当地信贷投放增长速度增加0.74%,远大于其他变量的影响,因此地理空间效应对于我国区域信贷投放具有非常重要的影响。本文认为,商业银行基于趋利性和风险厌恶的本性,在制定信贷政策的时候,地理上相邻的省区获得的业务授权和信贷投放政策会比较接近;同时各级商业银行在内部银团贷款和票据业务的实施上,为了减少信息不对称和控制风险,更倾向与周围省区的合作,因此我国的区域信贷投放表现出区域聚集和地域依赖的特征。

利用表6-5中的数据作图6-1,发现我国各区域空间滞后因子的作用存在显著的地区差异,其中受空间因素影响最小的北京、西藏、天津的空间滞后因子回归系数分别为0.15、0.23和0.39,而受空间因素影响最大的福建、江苏、广东的空间滞后因子回归系数分别为1.13、1.20和1.24,最大值和最小值相差7倍多。对比分析加入空间滞后因子前后的面板回归方程系数发现,在加入空间滞后因子后各变量的系数均有一定改变,其中空间滞后因子作用越大的地区系数变化越大,因此在分析统一货币政策区域效果的时候,若未考虑空间因素的影响将会产生一定的偏差。

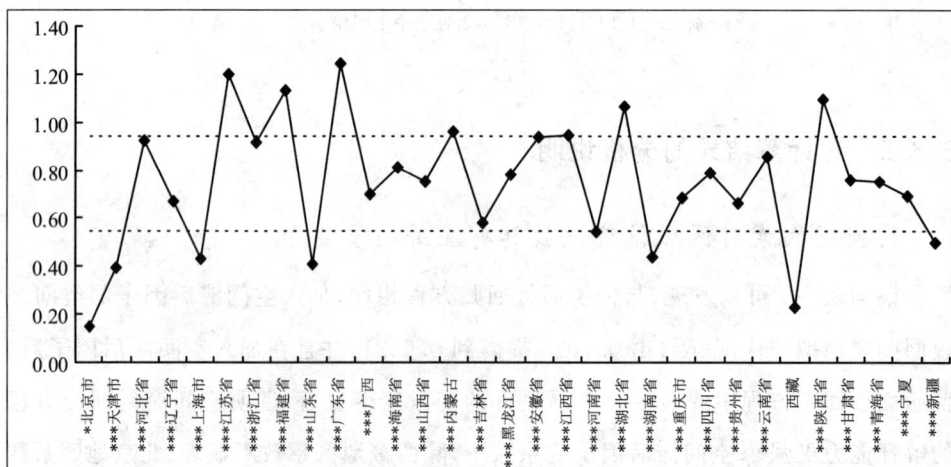

图 6-1　区域贷款投放的空间延迟效应[①]

2. 区域存款增长对我国区域信贷投放具有显著的促进作用

根据表 6-5，区域存款变量的方程回归系数中，仅河北、福建小于 0，但未通过显著性检验；而在其他省区存款变量的系数均大于 0 并且多数都通过了 1% 显著性水平的检验，因此可以确定，区域存款增长对我国的区域信贷投放具有重要和显著的促进作用。由图 6-2 发现，区域存款的增长对信贷投放的促进作用也存在明显的地区差异，在存款促进作用最小的江西、海南、山西三省，区域存款增速每增加 1%，区域贷款增速仅增加 0.019%、0.024% 和 0.025%，而在存款促进作用最大的新疆、贵州、重庆三省市，区域存款增速每增加 1%，区域贷款增速将分别增加 0.464%、0.520% 和 0.600%，最高相差达 30 倍。本书认为，区域存款变量的方程回归系数可以反映一个地区将存款转化为贷款的能力，各地区存款对促进贷款投放的不对称效应一方面取决于当地存款余额和增速，另一方面由于目前大多数商业银行均实行一级法人制度，由总行在全国范围内统一调配资金，对不同的区域实行"有保有压"的政策，也会导致在当地吸收的资金并不一定在本地区使用。

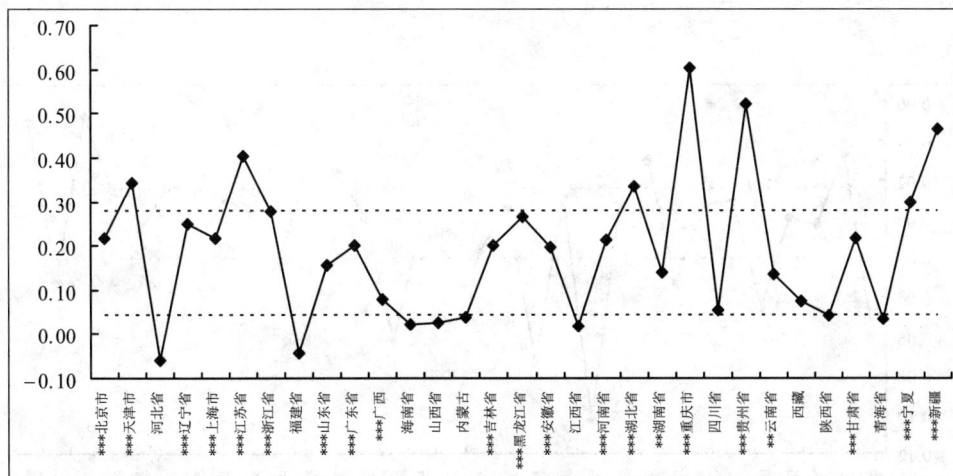

图 6-2　区域存款增长对区域信贷投放的影响

3. 国有企业产值比重对区域信贷投放具有一定程度的负面影响

国内多数研究认为，由于占存贷款份额绝对比例的四大国有商业银行与国有企业的历史关系十分密切，信贷投放更倾向于国企。但根据表 6-5 的面板数据方程回归结果,国有企业比重对区域信贷投放的影响系数平均值为－0.005,系数值很小而且也并不够显著,由此可以说,2004 年以来国有企业对商业银行的信贷吸引力已经下降,甚至出现负面效应。

本书认为,股份制改造后国有商业银行的行为更多遵循市场规律,在进行贷款项目评估的时候更为注重的是贷款风险与收益的权衡,在此背景下国有企业对商业银行的吸引力并不突出。另外在商业银行内部的考核中,对于不良贷款比率高的分支行,在开展信贷业务中会受到更为严格的准入限制乃至"信贷停牌"的惩罚,而国有企业比重高的地区往往各种因素导致的不良贷款率也相对较高,从这个角度来看,国有企业在区域经济中的占比增加反而对区域信贷投放具有负面效应。当然,各地国有企业比重对区域信贷投放的影响力也各不相同,但差异很小(在－0.10～0.05 之间),其中国有企业比重对信贷投放具有正面效应且系数通过显著性水平检验的有青海、新疆、天津、甘肃、云南五省,而在广西、山西、江西、北京、上海、福建、宁夏、重庆等地,国有企业比重的增加并不利于区域信贷投放的增加(图 6-3)。

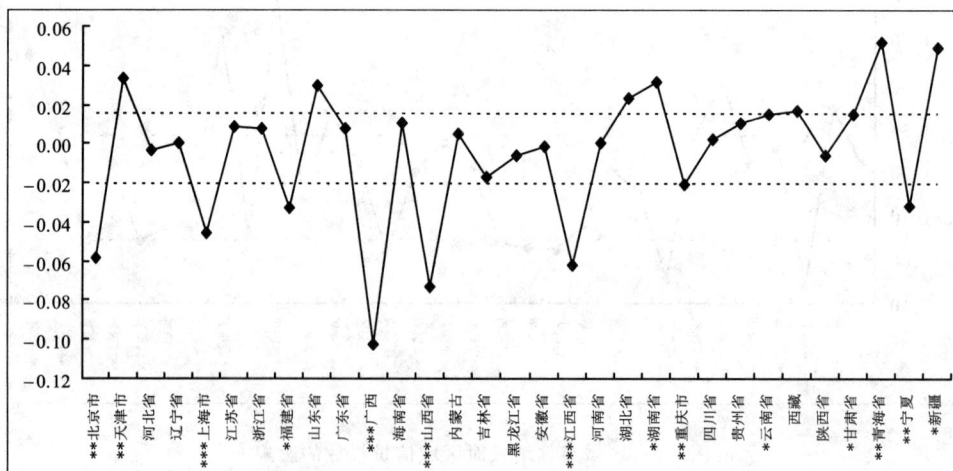

图 6-3　国有企业产值比重对区域信贷投放的影响

4.提高存贷款利率和存款准备金率对区域信贷投放的影响并不明显

利率对区域信贷投放并不是实时的,大部分利用年度数据的研究结果发现其滞后影响为 1 年(常海滨、徐成贤,2007),本书利用 AIC 准则和 R^2 综合判断利率的影响滞后期为 6 个月。利率每提高一个百分点引起我国区域贷款供给的变动在 $-0.14 \sim 0.26$ 个百分点之间(如图 6-4),并且在大部分省区为负值,表明利率作为价格手段在抑制贷款需求上确实具有一定成效,但变量系数仅在江西、河南、湖北等少数地区通过了显著性检验,利率影响我国区域信贷投放的区域效果需要进一步考察。

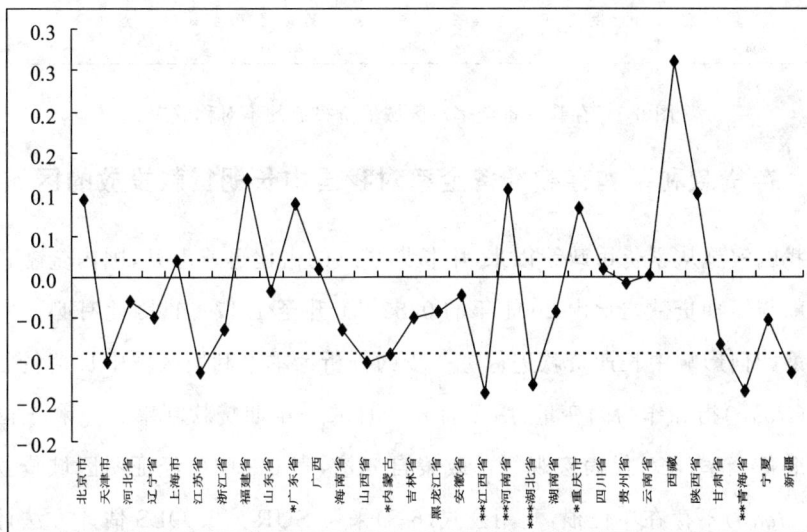

图 6-4 利率对区域信贷投放的不对称效应

存款准备金率对区域信贷投放的影响远远小于利率和地理空间因素。从方程系数来看,存款准备金率的提高对我国 20 个省区的贷款供给具有正面影响(图 6-5),尤其江苏、湖北等地更为明显。由此可见,作为重要的数量手段,存款准备金率的提高并未取得预期收缩信贷的效果,本书接下来将对此作进一步分析。

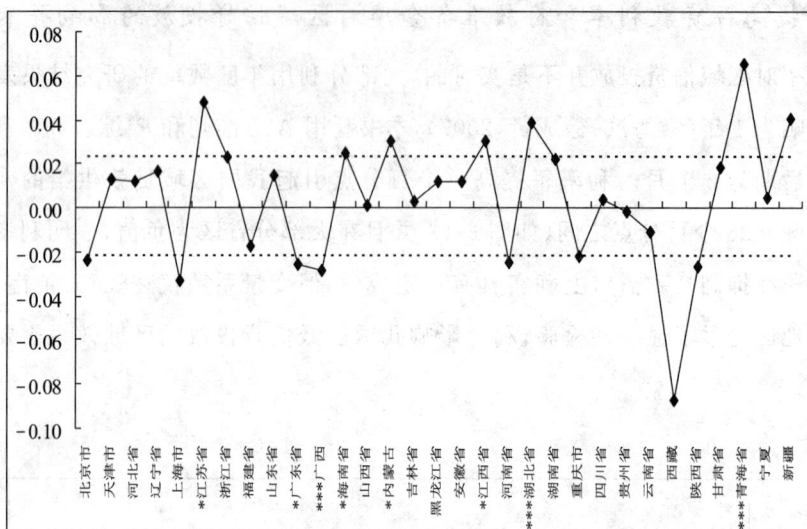

图 6-5　存款准备金率对区域信贷投放的不对称效应

6.3.4　存贷款利率和存款准备金率对我国中长期贷款投放的区域效果

在我国实施从紧货币政策以来,中长期贷款的占比迅速上升,国内金融机构中长期贷款与短期贷款之比由 2004 年的 0.89∶1 升至 1.17∶1,因此有必要对从紧货币政策如何影响中长期贷款进行进一步的分析。本书利用区域中长期贷款同比增长率($lloan$)指标作为因变量、用滞后 6 个月的一年期贷款利率 $i_{(-6)}$ 和全国统一的存款准备金率(res)代表宏观货币政策自变量,表 6-3 中已经证明区域贷款同比增长率($lloan$)不存在单位根,利用公式(6-8)采用 SUR 广义 OLS 估计方法计算结果如表 6-6。

表 6-6　紧缩货币政策对中长期贷款供给的不对称效应

地　区	$i_{(-6)}$	res	地　区	$i_{(-6)}$	res	地　区	$i_{(-6)}$	res
北京市	−4.47	1.32	内蒙古	−48.27***	8.54***	陕西省	0.21	1.84**
天津市	4.78	0.26	吉林省	−8.3***	1.07**	甘肃省	−12.84***	4.38***
河北省	10.51	0.98	黑龙江	−5.08	1.97**	青海省	3.7	−0.57
辽宁省	−18.09***	3.01***	安徽省	1.24	1.36**	宁　夏	−9.95***	3.74***

续表

地 区	$i_{(-6)}$	res	地 区	$i_{(-6)}$	res	地 区	$i_{(-6)}$	res
上海市	−8.54***	1.29***	江西省	−11.35***	3.76***	新 疆	1.59	2.47***
江苏省	−4.41***	1.26***	河南省	−6.21***	2.48***	R-squared		0.992
浙江省	4.11	0.32	湖北省	−28.32***	4.84***	Adjusted R-squared		0.992
福建省	−8.33***	2.85***	湖南省	−8.37***	−0.05	S. E. of regression		1.038
山东省	−32.91***	3.53***	重庆市	−11.79**	4.72***	F-statistic		1683
广东省	−42.3***	8.28***	四川省	−3.28	3.32***	Prob(F-statistic)		0.000
广 西	−40.19***	6.35***	贵州省	−12.26***	3.14***	Mean dependent var		4.664
海南省	−7.87	1.41	云南省	−6.49***	0.7	S. D. dependent var		17.4
山西省	5.88	1.43	西 藏	−37.85***	8.61***	Durbin-Watson stat		1.955

表 6-6 的分析结果说明：

1. 提高利率对中长期贷款投放具有明显的抑制作用

从方程回归结果来看，仅在河北、天津、山西等少数省区系数大于零，但均未能通过显著性检验。结果表明，利率政策在抑制中长期贷款增长方面具有显著效果，具体来讲，在其他条件不变的情况下，利率每上升 1 个百分点，国内各地区的中长期贷款同比增速（6 个月后）将不同程度的下降 3.28～48.27 个百分点（图 6-6），且在绝大多数省区均通过了 1‰ 水平下的显著性检验，证明利率对中长期贷款供给的抑制作用不仅强烈而且显著，其中内蒙古、广东、广西对利率的调整最为敏感。

2. 存款准备金率的提高对中长期贷款投放具有一定的推动作用

绝大多数省区存款准备金率回归系数大于零，仅青海、湖南为负值但未能通过显著性检验，因此可以认为存款准备金率的提高对我国绝大部分地区的中长期贷款供给具有正面推动作用，具体来讲，在其他条件不变的情况下，存款准备金率每上升 1 个百分点，国内各地区的中长期贷款供给将不同程度的上升 0.26～8.61 个百分点，且在绝大多数省区均通过了 1‰ 水平下的显著性检验，证明存款准备金率对中长期贷款推动作用效果明显（图 6-7）。本书认为，在总量收紧情况下，各商业银行迫于盈利的压力,倾向于保收益率更高的大企业和中长期贷款,而把流动资金、中小企业等信贷缺口留出来,因此准备金率的提高反而促进了中长期贷款的投放。

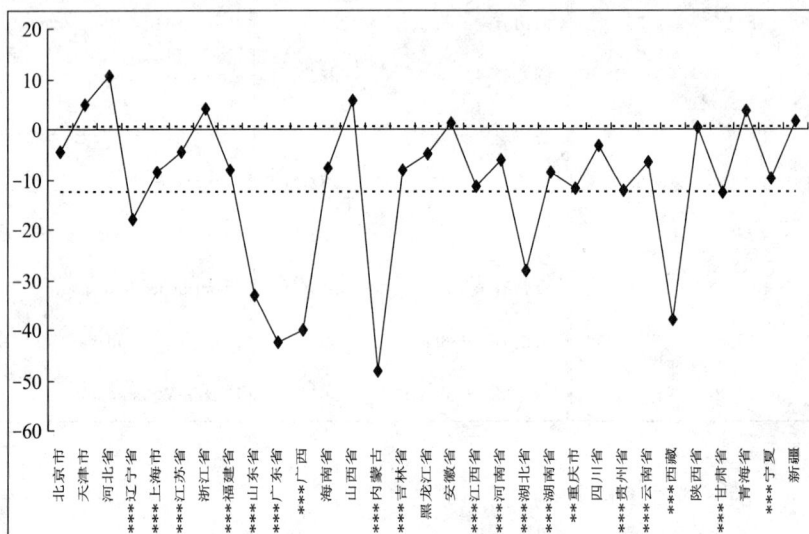

图 6-6 利率对中长期贷款投放的区域影响

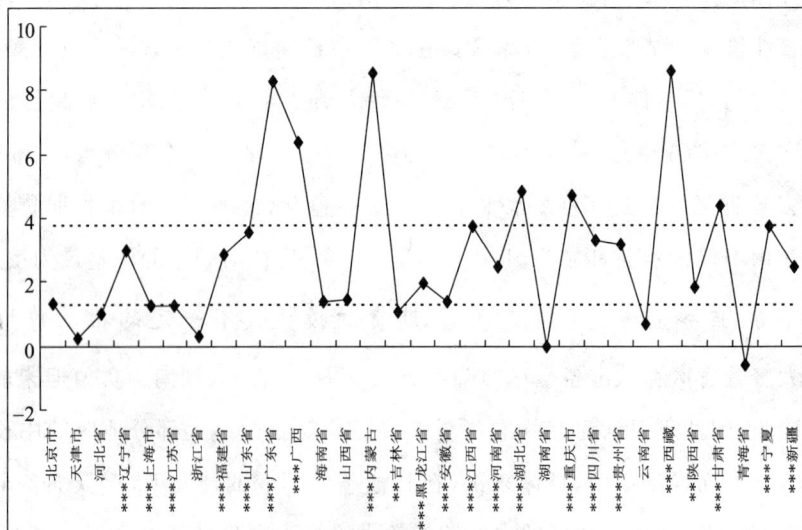

图 6-7 存款准备金率对中长期贷款投放的区域影响

6.4 区域金融发展非均衡的原因与对策分析

6.4.1 区域金融发展非均衡的原因

(1)东部与中西部区域间金融风险和收益的梯度差距。东部地区是改革开放最早的受益者,经济结构调整步伐较快,市场发育程度较高,有能力支付金融创新费用,拥有相当程度的创新金融工具,金融机构和企业有很强的拓展融资渠道的意识与能力,利用金融资源的成本消化能力不断增强,效率不断提高,金融机构和金融产品收益率高。中西部地区的经济发展水平、经济市场化程度和投资主体对融资成本的承受能力都比较弱,产权改革滞后,信贷行为受国家政策的制约,经营决策受到各级地方政府的干预,许多合格企业和居民被排除在贷款对象的范围,对金融资源潜在的需求未能转化为现实的需求,金融资源只能产生较低的利用效率和收益,导致中西部地区商业银行效益相对较差,贷款风险大,因此缺乏对扩大信贷投放的激励,而宁愿将资金上存总行。由于东部与中西部区域间存在风险和收益的梯度差距,金融资源为获取较高的收益回报通过各种渠道从中西部市场转移到东部地区。

(2)金融环境二元化和金融政策一元化的矛盾。我国区域金融发展基本格局是:东部地区的金融发展依靠市场调节的成分较多,地区发展战略往往是开拓型、创新型和开放型的;中西部地区的金融发展面对的是国有企业占主导地位的市场,市场发育程度低,区域发展战略往往是平衡型、保守型和封闭型的,其目的在于满足静态的平均化的边际收益。同时融资渠道也存在区域差异,东部地区融资渠道日益多元化,中西部地区融资渠道较为狭窄,主要来源于国有商业银行贷款。但我国的金融调控不是根据区域发展的差异因地制宜,而是更多以区域金融运行一体化为前提,强调金融政策的统一性。统一货币政策在不同区域会产生差异化效应。当实施紧缩性货币政策时,东部地区有更多的"选择"余地,资金紧缩不会立即对企业产生过度的资金短缺,对紧缩性货币政策的反应"时滞"较长,此时国有商业银行往往首当其冲压缩在中西部地区的贷款,使中西部地区经济立刻降温。当实施扩张性货币政策时,东部地区经济往往率先"启动"。这种金融政策造成了事实上的政策不公平,造成"抽瘦补肥"局面的出现,等同于对中西部不发达地区的政策歧视。

(3)金融机构布局的区域差异。货币政策对实体经济领域的冲击必须通过金融组织机构来进行,特别是当前信贷渠道仍然是我国货币政策传导的主要渠道,中央银行的货币政策意图能否及时有效地通过信贷渠道传导到实体经济之中,首先要看有没有足够数量和合理结构的商业银行等信贷服务机构的存在,它的布局直接关系到货币政策传导效应。无论是一级法人金融机构的数量,还是金融机构分支数量,我国东部和中西部地区存在较大的差异。东部地区不仅是四大国有商业银行的总行所在地,而且是全国性股份制商业银行总行所在地,国有商业银行、全国性股份制商业银行的分支机构数量也要多于中西部地区,况且我国绝大部分的外资银行分行也设在东部地区。东部地区银行业金融机构所占比例不仅要大大高于中西部地区,而且中西部地区银行业金融机构数量还有下降趋势。2007年中西部地区银行业金融机构所占比例分别为24%和27%,2008年分别下降到22%和26%。

(4)金融市场化差异对微观金融主体的刺激不同。目前,在各地区的金融框架中,既有国有大型银行,也有地方性银行,还有外地银行的分支机构(含外资银行)。新兴商业银行和其他商业性非银行机构遵循经济理性原则,追求规模经济效应和利润最大化,在配置分支机构时过多积聚在东部地区,这一方面促使东部地区的国有商业银行体系因受到冲击而被迫尽快转换经营机制、完善同业竞争机制和行业协作机制,加上较早建立的金融市场又形成了金融资产流动的极化效应,凭借这一效应引致大量区域外资金流入。中西部地区的金融组织结构单一,大量存在的国有商业银行支持的重点对象往往是效益低下的国有经济,非国有经济处于被忽视的地位。由于各银行的垂直管理和独立经营,加之又是双向负责制(对其上级主管部门和当地政府负责),在缺乏对区域金融进行综合协调与管理的条件下,各银行无论是在资金计划,还是信贷方向上都受到上级政策一体化的制约,很难切实顾及区域经济发展的实际需要。同时监管部门的宏观调控政策致使其在松与紧的狭小空间内顾此失彼,影响了中西部地区金融业的发展和资金融通作用的发挥,进而影响地区经济发展。

(5)金融资源调配受纵向条块分割的制约。我国金融资源的配置并非按照贡献和效率进行,而是按类似于财政分配式的资金供给制度进行的。中央政府主导的金融改革导致了中国金融资源的纵向分割,商业银行普遍实行分理处—支行—二级分行——一级分行—总行这种链条式的资金上存模式,一般由商业银行总行对本商业银行系统内资金进行管理,是一种由商业银行总行进行资金划拨的纵向资金管理体制。当中央银行实施紧缩性货币政策调控时,基层银行宁愿将资金上存总行获取稳定的利息以应付自己硬性的利息支出,而各商业银行总行一般将中西部地区分行资金通过各种途径转投向东部地区以获取更高的收益。紧缩货币政策使中西部地区商业银行通过消极办法应对中央银行紧缩政策,与中央银行预期发生偏离,而东部地区由于有中西部地区资金注入,资金反而比较宽松。

(6)区域金融生态环境发展程度不同。与东部地区相比,中西部地区企业和个人逃废债务行为至今时有发生,社会担保体系建设不完善,金融依法维权较难,社会公众甚至机构投资者的信用信息得不到有效归集和准确评估,失信惩罚机制尚未有效建立,区域金融机构不良贷款比例居高不下。在强调风险防范的情况下,商业银行总行往往不加区别地对不发达地区企业的贷款需求一概回绝,通过惜贷和慎贷,消极地回避风险,在此情况下,不该发放的贷款的确不贷或者很少贷款了,但该发放的贷款却也未能贷出去,使中西部地区正常的资金需求得不到满足。

6.4.2 促进区域金融与经济协调发展的途径

(1)加快地方经济发展,为金融业的发展提供坚实的基础。金融以其信用中介推动资源的优化配置,其中一个重要取舍标准就是质量指标。经济增长质量与金融支持力度是相辅相成的,尤其是商业银行不断深化改革、转变经营机制的情况下,其注重经营效益和防范风险的本能必然促使其选择质量。因此,一个地方要想获得金融部门的支持,很重要的一点,就是要有合理的产业结构支撑和高成长性的产业支撑。中西部地区的经济增长主要是以资源型开发、传统产业、基础设施建设和部分资源深加工为基础产业,其本身就有投资大、周期长、效益较低和受宏观政策影响大的特点。因此,加快产业结构调整,加速传统产业的技术创新和产品的升级换代,延伸产业链条,引进高新技术产业,应是我们今后的努力方向。

(2)实施差别化的货币政策和调控补偿机制。一个理性的国家在实施货币政策调控时应该考虑区域层面的因素及其对宏观经济调控的影响,加强建立区域中央银行货币供给调控体系,赋予区域分行在再贷款和再贴现等方面更大的权利。但市场化改革要求我们也不能一味地用货币政策的简单、被动的区域化去适应区域差异,货币政策更大程度上是一种总量性的政策,其目标在于提供稳定的发展预期环境。应该逐渐使区域性、结构性问题通过财政政策来解决;同时,由于各地区经济结构、产业结构等存在差异,统一的货币政策调控有时会使某些地区利益受到损害,对此中央应该尝试建立货币政策调控的补偿机制,以使国家各项政策更具可行性,让大多数地区能够承受并愿意积极配合,从而提高货币政策调控效果。

(3)建立统一金融市场,促进区域金融组织机构发展。针对目前金融市场发展水平的差异,有必要建立规范运行、健康发展、统一开放的区域金融市场。要努力实现区域金融市场的联合,增加开放性,力争早日形成全国性的统一大市场。积极引进新兴商业银行到中西部地区的大中城市设置分支机构。在引进资金的同时,也引进股份制商业银行先进的管理经验。要规范发展地方性金融机构,还要降低民营金融准入门槛。中西部地区应争取国家实行有差别的金融机构设置条件,适当降低在资本金、营运规模等方面的要求,大力促进区域性商业银行的发展,提高金融机构密度与金融效率。

(4)促进从"行政区金融"向"经济区金融"的转变。金融改革与发展的过程首先应是政府由"过度介入"到"适度介入"的过程。这一过程必然伴随着政府的"适当退出"。但中国金融体制改革中的政府退出是变形的,它主要表现为中央政府的逐步退出和地方政府的逐步介入。而中央政府退出后仍在追求对经济运行的控制权,地方政府在部分拥有控制权的情况下力图反控制。根据我国区域经济发展对金融业的需求,结合金融改革与发展的实际情况,我国应打破行政区域的划分,在区域经济合作的基础上大力推进金融一体化发展。要进一步完善金融组织体系,构建统一的区域金融市场和金融服务网络,以发挥金融机构筹融资作用,推动经济结构调整,改善金融服务,提高资金使用效益,积极而有效地支持区域经济的发展。

(5)完善区域金融生态系统的自我调节功能。一要创造良好而宽松的金融发展环境,政府一方面要加大对金融业发展的宏观指导,另一方面要尽量减少对金融企业日常经营活动的行政干预。要转变银行的钱就是国家的钱的传统观念,避免政府主导国企改制中的企业逃废银行债务行为。二要发展多种类型的金融机构,积极争取政策,建立健全包括银行、证券、保险、财务、信托和融资租赁等在内的种类各异、功能互补的金融机构体系,为今后的混业经营创造条件。三要规范发展社会中介机构。建立企业和个人征信信息、政务信息共享机制。要以市场化改革为突破口,加快会计、审计、资产登记、评估、法律等中介服务机构与工商、财税、土地、房产等行政主管部门的"脱钩"步伐,严格按照市场化、公司化原则运作,同时积极引入国外或国内信用水平高、品牌形象好的大型中介组织,导入竞争机制,提高中介服务的执业水平。四要建立区域信用惩戒和信用激励机制,尽快完善金融法律体系,加大对失信行为的惩戒力度,提高失信行为成本,营造良好的金融法治环境。同时,也要对信用记录好的企业和个人,在金融服务上给予优惠和便利。

6.5　本章小结

(1)地理空间效应对我国区域信贷投放具有重要的影响,地理上相邻地区的贷款供给存在显著的相互作用。本书认为,出现这种现象的主要原因是相邻地区间的贸易往来、商品交换、劳动力转移等经济联系相比其他地区更为密切,因此导致这些地区的经济结构、金融生态环境类似;在占支配地位的国有商业银行采取"总—分行"体制下,由总行统一调配信贷资源,对经济金融环境相接近的地区必然给予类似的信贷政策;因此使得在地理空间上邻近的区域在信贷资源供给上聚集。同时各级商业银行在内部银团贷款和票据业务的实施上,为了减少信息不对称和控制风险,更倾向与周围省区的合作,因此我国的区域信贷投放表现出区域聚集和地域依赖的特征。对于国家宏观调控部门来讲,在进行宏观调控政策制定和调控效果评价的时候,必须考虑地区空间相互作用的影响,否则会产生一定的偏差。对商业银行来讲,地区层面上集中的信贷资金投放,有利于商业银行实现规模经济效益,降低贷款审查、管理等各个环节的费用支出,提高银行利润水平,但负面影响更为突出:商业银行信贷集中度过高,资金投向越来越窄,规避风险的余地越来越小。

金融机构这种共同的理性行为会对商业银行自身,以及金融发展带来非理性的结果。

(2)货币数量控制政策和价格控制政策,对区域信贷投放作用效果不完全一样,甚至可能出现矛盾,从对中长期贷款的影响来看,提高利率会抑制国内中长期贷款增速,而存款准备金政策则具有相反的作用;二者的交替使用并未能起到预期的效果,反而使得统一货币政策相互抵消、减弱,因此从实际效果看,这些措施的作用受到限制。

货币政策紧缩背景下,利率已经成为货币当局一项重要经济调控手段,从2004年至2007年,央行已连续9次提高存贷款基准利率。本研究表明,利率政策发挥效应的时滞为6个月,利率杠杆效应会逐级传递,滞后放大,由于市场需要6个月以上时间才能发挥、消化利率政策效力,对利率政策影响力及影响时间把握不准会对区域金融和区域经济发展产生较大的冲击。因此如何依据市场特征正确判断经济形势、有效使用利率政策、避免经济波动,是利率政策能否发挥最佳调控效果的关键。

与此同时,尽管上调存款准备金率和发行央行票据已经成为中央银行收缩流动性的常规手段,但这些总量控制政策的作用有限,甚至会在商业银行盈利驱动下得到与预期相反的效果。存款准备金率的提高使得商业银行被动加大了低收益资产的比重,迫于盈利压力,商业银行会主动增加高收益的中长期信贷投放。中长期贷款的持续增加虽然将增加商业银行的盈利能力,但也加大了贷款的整体风险,更多贷款的资产质量需要经受时间的考验:一方面中长期贷款多投向固定资产投资项目,如果消费率和投资率不能形成合理的比例关系,就会使投资增长失去最终需求的支撑,加剧生产过剩,影响地方经济健康协调发展;另一方面,贷款中长期化与存款期限活期化,带来银行资产负债期限错配的风险;此外,从紧货币政策下中长期贷款增速远高于短期贷款,说明中长期资金的脱媒程度要远低于短期资金,金融脱媒风险和期限错配风险融合在一起,使长期金融结构失衡的压力更突出。

(3)现行货币政策的统一性存在明显的区域差异,这种差异削弱了对区域经济结构调整的作用,降低了货币政策执行的有效性,其背后是商业银行微观行为的结果。货币政策从中央银行传导至商业银行后,商业银行总行向分支机构传导的过程中,由于货币政策信贷传导渠道的有效性依赖银行体系的稳健与充分的竞争,会导致货币政策信号被误解、扭曲和削弱,影响货币政策的传导效果;同时,商业银行信贷集中的趋势与货币政策传导存在冲突。随着商业银行强化一级法人管理体制,贷款权限向总行和省级分行集中,导致货币政策传导失去了基层载体,造成基层商业银行对货币政策操作反应不灵敏、不充分;贷款投向集中导致信贷风险加大,极易诱发区域性的金融风险,与中央银行货币信贷政策调控的目标相背离。为避免这种局面,需要细致、全面地分析区域经济金融环境特征,通过加强地区金融机构体系固化区域金融资源,建立综合政策调控机制,或制定差异性货币政策工具,避免商业银行微观行为对货币政策信贷传导渠道的不利影响。

第7章　结论及展望

改革开放以来,中国经济保持了持续高速增长态势,取得了举世瞩目的成就,极大地促进了中国整体经济实力的提升。但与这种快速增长相伴随的是,中国地区间的经济增长速度与居民生活水平存在明显差异。调控区域的增长差距、协调地区经济发展的紧迫性和重要性在我国经济增长过程中越来越重要。为了能够较为全面地反映我国现阶段各地区的经济发展状况,以及各地区在经济发展过程中所呈现出的不同变化规律和运行特征,需要在定性基础上对我国各省份间经济发展水平的差异程度进行深入细致的定量分析,清晰地揭示我国区域经济增长的地理空间分布特征及其演化规律,并研究我国的地区经济增长模式是否具有收敛性特征以及我国区域经济增长空间分布演进趋势受何种因素影响,并进一步找到能够对影响区域经济增长空间格局演变的起关键作用的因素,通过相应的政策调节措施,推动我国区域经济向均衡协调方向发展。本书通过对区域金融发展空间格局和演变规律对于经济增长空间分布格局及其演进趋势的影响进行了深入分析,得到以下主要结论:

(1)本研究与现有研究多集中于省区层面和静态描述不同的是,基于省级和地市级两个空间尺度,从空间和时间两个维度,结合 ESDA 和空间计量经济学方法研究我国区域经济的发展问题,不仅对中国区域经济发展格局的主要特征进行了空间探索分析,还引入了 20 世纪 90 年代最新发展的分布动态方法,使用当前较为先进随机核密度估计方法结合三维图形和等高线图分析,可以弥补马尔可夫转移矩阵计算过程中对人均 GDP 序列任意离散化产生的估计偏差。结果亦表明,中国区域经济水平分布格局的流动性差而持续性强,短期内区域经济增长格局变动不大;但在较长的时期内考察发现,落后省区经济水平与全国平均水平相比,均呈上升趋势,说明随着国家区域经济均衡发展战略的实施,低水平俱乐部的整体发展水平在逐步提高,落后地区的经济发展水平得到发展,大多数地区逐渐接近全国平均水平,表明 20 世纪 90 年代末以来我国实施的区域均衡发展战略有助于落后地区脱离"贫困陷阱"。同时还发现中国省区经济增长的分布形态并非如现有研究中争论的那样呈正"U"形或倒"U"形曲线,而是经历了区域经济发展差距且经历了缩小—扩大—缩小的过程,表现为"S"形,目前我国各地区之间的区域经济发展差距正在缩小。

进一步在分析框架中明确引入空间因素,运用空间马尔可夫链方法和空间条件的随机核密度估计,考察地理空间效应对中国区域经济增长演进的影响,结果表明,区域经济增长格局分布演进明显受空间因素的影响,近邻效应显著,拥有富裕邻区的地区向较高收入水平演进的概率较大,使得区域经济增长表现出了局部性的空间俱乐部收敛特征。

(2)通过对我国区域间经济增长状态与金融发展状态的交互作用机制的分析发现,区域间经济发展差距与金融发展差距呈现一致的变动关系,且金融差距大于经济差距,据此初步判断区域金融发展差距变动是我国区际经济差距变动的重要因素。进一步通过 Granger 因果检验表明,三大俱乐部之间对金融资源的吸引和配置强化了三大地区之间的经济差距,而三大地区之间经济差距的拉大也进一步使得金融资源向经济高水平地区聚集,两者互相强化;但在三大经济区内部的省市之间,对于金融资源的吸引力等条件都差不多,因此金融资源分布没有表现出明显的空间倾向,其区域经济与金融的空间分布更受到其他有关因素的影响。

本书进一步将空间计量分析技术与分量回归(Quantile Regression)技术相结合,克服了传统研究只能度量外生变量对内生变量的"平均"影响的局限,有效克服了现有研究中的局限和不足,对我国区域经济收敛及其金融原因进行了重新审视,不仅研究了收敛方程中系数变化对收敛速度和机制的影响,还进一步分析了解释变量分布的变化对区域经济收敛的影响,这比单纯研究区域金融发展对区域经济收敛的平均影响更有政策含义,得出的结论也更有针对性和目的性。结果表明,在1978～1991 年间,我国区域经济增长的 β 估计值均为负数,在 1992～2002 年为正数,在 2003～2008 年为负数,这与前文发现我国区域经济增长"收敛—发散—收敛"的"S"形增长状态完全一致。在 1978～1991 年间,随着区域经济发展水平由条件分布的低端(低分位数)向高端变化,β 估计值越来越小,表明在此期间我国区域经济发展水平越高的地区,区域经济收敛速度越快;2003～2008 年间,则正好相反,区域经济发展水平越低的地区,经济增长收敛的速度越快,这在一定程度上证明,1978～1991 年间主要是我国发达地区的经济快速增长,而 2003 年以来欠发达地区的经济增速加快,因此 2003 年以来的经济收敛趋势更具均衡意义,这也表明了使用 Quantile 技术较传统 OLS 方法的优越性所在。

(3)利用面板数据阈效应回归模型对我国金融发展与经济增长的关联性问题进行了定量分析,建立一个包含不同区制的阈回归模型来估计检验区域金融发展与区域经济增长间的阈效应和阈值点,通过将地区经济增长速度作为因变量,地区金融增长速度作为自变量,并分别把地区金融发展水平和地区经济发展水平作为阈变量,检验地区金融发展速度对经济的实际增长速度是否具有阈值效应。

从我国各省市数据来看,由于经济发展水平不均导致的金融发展不均,在经济发展水平不同的地区,金融发展对经济增长的作用也不同。区域经济发展水平和金融资源富集程度确实影响了金融发展与经济增长之间的关系,在模型中体现为人均实际 GDP 和人均存贷款额作为阈变量均对金融发展与经济增长的关系存在双重阈效应;在经济发展水平高的地区,金融发展明显促进了经济增长;在经济发展水平低的地区,金融发展阻碍了经济的增长;在经济发展水平中等的地区,金融发展与经济增长具有显著促进作用。经济发展水平低的地区,金融发展受到经济条件的限制,又反过来阻碍了投资资源的优化配置,从而阻碍了经济增长;随着金融发展水平的提高,金融发展对经济增长的阻碍作用得到改善,当一个地区的经济达到了中等经济水平时,金融发展对经济增长作用加强;当经济发展到一个比较高的水平时,金融机构作用的发挥不再受经济水平的制约,金融机构可以充分发挥在改善投资、降低风险等方面的作用,从而促进了整个经济的增长。

(4)由于区域金融发展水平是区域经济收敛的关键影响因素,因此政府可以通过宏观调控手段影响金融资源的区域配置,进而实现通过调控金融来促进经济均衡发展的目标,但是在地区层面上,其执行效果存在很大的区域效应。货币政策实施效果的地区差异必定与我国区域间的地理位置和空间关系有关。与现有的研究相比,一方面本书的分析视角深入到省际区域的角度,相比当前大部分研究简单地从东、中、西部划分经济区域进行分析更为详尽;另一方面本书从金融地理的视角出发,强调了地理空间效应在区域信贷投放中的作用。现行货币政策的统一性存在明显的区域差异,这种差异削弱了对区域经济结构调整的作用,降低了货币政策执行的有效性,其背后是商业银行微观行为的结果。货币政策从中央银行传导至商业银行后,商业银行总行向分支机构传导的过程中,由于货币政策信贷传导渠道的有效性依赖银行体系的稳健与充分的竞争,会导致货币政策信号被误解、扭曲和削弱,影响货币政策的传导效果;同时,商业银行信贷集中的趋势与货币政策传导存在冲突。货币数量控制政策和价格控制政策,对区域信贷投放作用效果不完全一样,甚至可能出现矛盾,从对中长期贷款的影响来看,提高利率会抑制国内中长期贷款增速,而存款准备金政策则具有相反的作用;二者的交替使用并未能起到预期的效果,反而使得统一货币政策相互抵消、减弱,因此从实际效果看,这些措施的作用受到限制。监管部门应通过加强地区金融机构体系固化区域金融资源,建立综合政策调控机制,或制定差异性货币政策工具,避免商业银行微观行为对货币政策信贷传导渠道的不利影响。

在我国区域经济增长空间分布的变动过程中,区域金融发展的空间分布变动起到了重要的影响,因此,国家通过相应宏观金融政策的引导,均衡各地区区域金融发展的差距,能够在很大程度上促进我国区域经济发展向均衡协调的目标转变。因此,政策部门要为区域经济的崛起创造良好的政策环境,建立统一金融市场,促进区域金融组织机构发展,构建区域金融体系,加快区域资本市场建设并完善区域金融生态系统的自我调节功能。通过这些手段的综合运用,促进我国区域金融的协调发展进而带动区域经济趋于均衡。

当然,由于受到数据资料、研究时间等诸多因素的限制,本书主要抓住我国区域经济增长中的金融因素进行了系列分析。在时间、数据等条件允许的情况下,未来的研究可以进一步加入人力资本、技术进步、贸易条件等更多的经济社会条件,从而可以捕捉到更多的与区域经济增长布局和趋势影响因素,从而为相关部门提供更为全面和有力的政策建议,这也是本书作者进一步努力的方向。

参考文献

[1] Barro R J and Sala-I-Martin X. Economic growth[M]. Cambridge, Massachusetts: McGraw-Hill, 1995:13-22.

[2] Badinger H, et al. Regional Convergence in the European Union (1985-1999): A Spatial Dynamic Panel Analysis[J]. Regional Studies, 2004(38): 241-253.

[3] Romer P. Endogenous technological change[J]. Journal of Political Economy, 1990(98): 71-102.

[4] Lucas, Robert E. On the mechanics of economic development[J]. Journal of Monetary Economics, 1988, 22(3): 3-42.

[5] F P Ramsey. A Mathematical Theory of Saving[J]. The Economic Journal, 1928,38(152):543-559.

[6] North Douglass C. Location theory and regional economic growth[J]. Journal of Political Economy, 1955(3): 43-58.

[7] Solow Robert M. A Contribution to the Theory of Economic Growth[J]. Quarterly Journal of Economics, 1956, 70(1):65-94.

[8] Baumol W. Productivity Growth, Convergenceand Welfare[J]. American Economic Review, 1986(76): 1072-1085.

[9] J Bradford DeLong. Productivity Growth, Convergence, and Welfare: Comment[J]. American Economic Review, 1988, 78(5):1138-1154.

[10] Barro R J, Sala-I-Martin X. Convergence across statesand regions[J]. Brookings Papers on Economic Activity, 1991(1):107-158.

［11］Mankiw N，Romer D，Weil D. A Contribu-tion to the Empirics of Economic Growth［J］. Quarterly Journal of Economics，1992(107)：407-438.

［12］Dowriek，Steve and Nguyen，Due-Thou. OECD Comparative Economic Growth 1950-1985：Catch-up and Convergence［J］. American Economic Review，1989(79)：1010-1030.

［13］Cardenas M. Growth and Convergence in Colombia：1950-1990［J］. Journal of Development Economics，1995(47)：5-37.

［14］Coulombe. New evidence of convergence across Canadian Provinces：the role of urbanization［J］. Regional Studies，2000，34(8)：712-725.

［15］Friedman M. Do Old Fallacies Ever Die? ［J］. Journal of Economic Literature，1994(30)：2129- 2132.

［16］Quah D T. Regional convergence clusters across Europe［J］. European Economic Review，1996(40)：951-958.

［17］Temple J. The new growth evidence［J］. Journal of Economic Literature，1999(37)：112-56.

［18］Quah D T. Empirics for economic growth and distribution：Polarization，Stratification，and Convergence Clubs［J］. Journal of Economic Growth，1997(2)：27-59.

［19］Desdoigts，Alain. Patterns of Economic Development and the Formation of Clubs［J］. Journal of Economic Growth，1999，4(3)：305-330.

［20］Fabio Canova & Morten Ravn. The Macroeconomic Effects of German Unification：Real Adjustments and the Welfare State［J］. Review of Economic Dynamics，2000，3(3)：423-460.

［21］Rodolfo Cermeno. Growth Convergence Clubs：Evidence from Markov-Switching Models Using Panel Date［R］. División de Economía，CIDE，2002，http：//econpapers. repec. org/cpd/2002/ 115_Cermeno. pdf.

［22］Galor Oded. Convergence Inferences from theoretical models［J］. The

Economic Journal,1996(106):1056-1069.

[23] Alan V Deardoff. Terms of Trade: Glossary of International Economics [M]. World Scientific Publishing Company, 2006:36-56.

[24] Islam, Nazrul. Growth Empirics: A Panel Data Approach[J]. The Quarterly Journal of Economics, 1995,110(4):1127-1170.

[25] Andrew B, Bernard and Steven N. Durlauf. Interpreting tests of the convergence hypothesis[J]. Journal of Econometrics, 1996, 71(1):161-173.

[26] Evans P. Using Cross-Country Variances to Evaluate Growth Theories[J]. Journal of Economic Dynamics and Control, 1996(20): 1027-1049.

[27] Quah, Danny T. Twin Peaks: Growth and Convergence in Models of Distribution Dynamicsp[J]. Economic Journal, Royal Economic Society, 1996, 106(437): 1045-1055.

[28] Quah D T. Galton's Fallacy and Tests of the Convergence Hypothesis[J]. The Scandinavian Journal of Economics, 1993(95): 427-443.

[29] Fingleton B. Specification and testing of Markov chain models: An application to convergence in the European Union[J]. Oxford Bulletin of Economics and Statistics, 1997(59): 385-403.

[30] Bernard Fingleton. Spurious Spatial Regression: Some Monte Carlo Results with A Spatial Unit Root and Spatial Cointegration[J]. Journal of Regional Science, 1999, 39(1): 1-19.

[31] Chen J, Fleisher B. Regional Income Inequality and Economic Growth in China[J]. Journal of Comparative Economics, 1996(221): 141-164.

[32] 魏后凯. 中国地区经济增长及其收敛[J]. 中国工业经济, 1997(3): 31-37.

[33] 宋学明. 中国区域经济发展及其收敛性[J]. 经济研究, 1996(9): 38-44.

[34] Jian T, F D Sachs, and A M Warner. Trends in regional inequality in China[J]. China Economic Reriew, 1996, 7(1):1-21.

[35] Raiser M. Subsidising Inequality: Economic Reforms, Fiscal Transfers

and Convergence across Chinese Provinces[J]. Journal of Development Studies，1998，34(3)：1-26.

[36] 张胜，郭军，陈金贤. 中国省际长期经济增长绝对收敛的经验分析[J]. 世界经济，2001(6)：67-70.

[37] Démurger S. Infrastructrure Development and Economic Growth：An Explanation for Regional Disparities in China[J]. Journal of Comparative Economics，2001，29 (1)：95-117.

[38] 罗仁福，李小建，覃成林. 中国省级经济趋同的定量分析[J]. 地理科学进展，2002(1)：73-80.

[39] Weeks M，Yao J Y D. Provincial Conditional Income Convergence in China, 1953-1997：A Panel Data Approach[J]. Econometric Reviews，2003，22(1)：59-77.

[40] Zhang Zongyi，Liu Aying，and Yao Shujie. Convergence of China's regional incomes[J]. China Economic Review，2001(12)：243-258.

[41] 林毅夫，蔡昉，李周. 中国经济转型时期的地区差距分析[J]. 经济研究，1998(6)：3-10.

[42] 王绍光，胡鞍钢. 中国：不平衡发展的政治经济学[M]. 北京：中国计划出版社，1999：21-36.

[43] 王志刚. 质疑中国经济增长的条件收敛性[J]. 管理世界，2004(3)：25-30.

[44] 蔡昉，都阳. 中国地区经济增长的趋同与差异——对西部开发战略的启示[J]. 经济研究，2000(10)：4-14.

[45] 王铮，葛昭攀. 中国区域经济发展的多重均衡态与转变前兆[J]. 中国社会科学，2002(7)：31-39.

[46] 周玉翠，齐清文，冯灿飞. 近10年中国省际经济差异动态变化特征[J]. 地理研究，2002(12)：781-790.

[47] 刘夏明，魏英琪，李国平. 收敛还是发散？——中国区域经济发展争论的文献综述[J]. 经济研究，2004(7)：70-81.

[48] Romer，Paul M. Increasing Returns and Long-Run Growth[J]. Journal of Political Economy，1986，94(5)：1002-1037.

[49] Robert E Lucas. On the mechanics of economic development[J]. Journal of Monetary Economics，1988，22 (1)：3-42.

[50] Armstrong H. and Taylor J. Regional economics and policy[M]. New Jersey：Blackwell，2000：26-63.

[51] Golley，Jane. Regional patterns of industrial development during China's economic transition[J]. The Economics of Transition，2002(10)：761-801.

[52] Karl Gunnar Myrdal. The Challenge of World Poverty：A World Anti-Poverty Program in Outline[M].New York：Pantheon Books，1970：29-60.

[53] K Lardy，Nicholas R. Economic Growth and Distribution in China.Cambridge[M].Cambridge：UK，Cambridge Univ Press 1978：41-60.

[54] Lippit，Victor. The Economic Development of China[M]. New York：M E Sharpe，1987：100-133.

[55] Riskin C. Chinas' Political Economy：The Quest for Development since 1949[M].Oxford：Oxford University Press，1978：12-98.

[56] Friedman J H Exploratory projection pursuit[J]. Journal of the American Statistical Association，1987(82)：249-266.

[57] Selden，Mark. The Political Economy of Chinese Socialism[M]. New York：M E Sharpe，1988：29-36.

[58] Aguignier P. Transforming China's economy in the eighties[C]. Boulder，Colorado：Westview Press，1988：93-106.

[59] Yang，Dali L. Patterns of China's Regional Development Strategy[J]. The China Quarterly，1990(122)：230 -257.

[60] Lyons T P. Inter-provincial disparities in China：output and consumption，

1952-1987［J］. Economic Development and Cultural Change，1991，39(3)：471-506.

［61］Tsui，Kai Yuen. China's Regional Inequality：1952-1985［J］. Journal of Comparative Economics，1991(15)：1-21.

［62］Tsui，Kai Yuen. Trends and Inequalities of Rural Welfare in China：Evidence from Rural Households in Guangdong and Sichuan［J］. Journal of Comparative Economics，1998(26)：783-804.

［63］Jian Tianlun，Jeffery D Sacks，Andrew M Warner. Trends in Regional Inequality in China［R］. NBER working paper，1996，No. 5412.

［64］Rozelle，Scott. Rural Industrialization and Increasing Inequality：Emerging Patterns in China's Reforming Economy［J］. Journal of Comparative Economics，1994，19(3)：362-394.

［65］Long Genying. Measuring the spillover effects：Some Chinese evidence ［J］. Papers in Regional Science，2000，79(1)：75-89.

［66］Masahisa F，Hu D. Regional disparity in China 1985-1994：the effects of globalization and economic liberalization ［J］. The Annals of Regional Science，2001，35(1)：3-37.

［67］Kim T J，Knaap G J. The spatial dispersion of economic activities and development trends in China：1952-1985 ［J］. The Annals of Regional Science，2001，35(1)：39-57.

［68］Batisse，Cecile. Dynamic externalities and local growth：A panel data analysis applied to Chinese provinces［J］. China Economic Review，2002，13(2-3)：231-251.

［69］Zhang Xiaobo，and Kanbur. RaviSpatial Inequality in Education and Health Care in China［R］. IFPRI，working paper，2003.

［70］杨开忠. 中国区域经济差异变动研究［J］. 经济研究，1994(12)：28-33.

［71］袁钢明. 地区经济差异与宏观经济波动［J］. 经济研究，1996(10)：49-56.

[72] 魏后凯,刘楷. 我国地区差异变动趋势分析与预测[J].中国工业经济,1994
(4):28-36.

[73] 沈坤荣,耿强. 外国直接投资、技术外溢与内生经济增长——中国数据的计
量检验与实证分析[J]. 中国社会科学,2001(5):83-93.

[74] 罗守贵,高汝熹. 改革开放以来中国经济发展及居民收入区域差异变动研
究——三种区域基尼系数的实证及对比[J]. 管理世界,2005(11):45-66.

[75] 杨伟民. 地区间收入差距变动的实证分析[J]. 经济研究,1992(1):70-74.

[76] 李二玲,覃成林. 中国南北区域经济差异研究[J]. 地理学与国土研究,
2002,18(4):76-78.

[77] 宋德勇. 改革以来中国经济发展的地区差距状况[J]. 数量经济技术经济研
究,1998(3):15-18.

[78] 刘强.中国经济增长的收敛性分析[J]. 经济研究,2001(6):70-77.

[79] 林毅夫,刘培林. 中国的经济发展战略与地区收入差距[J]. 经济研究,2003(3):
19-25.

[80] 贺灿飞,梁进社. 中国区域经济差异的时空变化:市场化、全球化与城市化
[J]. 管理世界,2004(8):8-17.

[81] 徐建华,鲁凤,苏方林,卢艳. 中国区域经济差异的时空尺度分析[J]. 地理
研究,2005(1):57-68.

[82] 段平忠,刘传江. 人口流动对经济增长地区差距的影响[J]. 中国软科学,
2005(12):99-110.

[83] 石磊,高帆. 地区经济差距:一个基于经济结构转变的实证研究[J]. 管理世
界,2006(5):35-44.

[84] 陈国阶. 我国东中西部发展差异原因分析[J]. 地理科学,1997,17(1):1-6.

[85] 周民良. 经济重心、区域差距与协调发展[J]. 中国社会科学,2000(2):42-
53.

[86] 马拴友,于红霞. 转移支付与地区经济收敛[J]. 经济研究,2003(3):26-33.

[87] J Bradford DeLong, Andrei Shleifer,Lawrence H Summers, and Robert J

Waldmann. The Survival of Noise Traders in Financial Markets[J]. Journal of Business, 1991, 64(1): 1-20.

[88] Arthur O'Sullivan & Richard Arnott & Allen Scott & Marcus Berliant & Robert E Lucas. Handbook of Regional and Urban Economics, Volume 4: Cities and Geography[J]. Journal of Economic Geography, 2006, 6 (1): 91-112.

[89] Englmann F C, Walz U. Industrial Centers and Regional Growth in the Presence of Local Inputs[J]. Journal of Regional Science, 1995(35): 3-27.

[90] Kubo Y. Scale Economies, Regional Externalities, and the Possibility of Uneven Development[J]. Journal of Regional Science, 1995(35): 29-42.

[91] Krugman P. First Nature, Second Nature and Metropolitan Location[J]. Journal of Regional Science, 1993(33): 129-144.

[92] Rey S, and B Montouri. US regional income convergence: A spatial econometric perspective[J]. Regional Studies, 1999 (33): 143-56.

[93] Tobler W. Cellular Geography, Philosophy in Geography[M]. Dordrecht Reidel: Gale and Olsson, Eds, 1979: 23-36.

[94] Krugman P. On the Number and Location of Cities[J]. European Economic Review, 1993(37): 293-293.

[95] Matías Mayor & Ana López. Spatial shift-share analysis versus spatial filtering: an application to Spanish employment data[J]. Empirical Economics, 2008, 34(1): 123-142.

[96] Ramajo, Julián & Márquez, Miguel A & Hewings, Geoffrey J D Salinas, María M. Spatial heterogeneity and interregional spillovers in the European Union: Do cohesion policies encourage convergence across regions? [J]. European Economic Review, 2008, 52(3): 551-567.

[97] Cliff A D, Ord J K. Spatial Autocorrelation[M]. London: Pion, 1973: 28-

40.

[98] Moran P. The interpretation on statistical maps[J]. Journal of the Royal Statistical Society，1948(10)：243-251.

[99] Paelinck J and L Klaassen. Spatial Econometrics[M]. Saxon House，Farnborough，1979：53-60.

[100] Anselin L. Spatial Econometrics：Methods and Models[M]. Dordrecht，Kluwer Academic Publishers，1988：39-46.

[101] Haining R. Geography and Spatial Statistics：Current Positions，Future Developments[C].Oxford，UK：Basil Blackwell，1989：191-203.

[102] Cressie，N. Statistics for Spatial Data[M]. Wiley，New York. 1993：63-68.

[103] Ord J K，Getis A. Testing for local spatial autocorrelation in the presence of global autocorrelation[J]. Journal of Regional Science，2001(41)：411-432.

[104] Miguel A Márquez，Julián Ramajo，Geoffrey J D Hewings. Dynamic effects within a regional system：an empirical approach[J]. Environment and Planning A，2006，38(4)：711-732.

[105] Andrada I Pacheco，Timothy J Tyrrell. Testing spatial patterns and growth spillover effects in clusters of cities[J]. Journal of Geographical Systems，2002，4(3)：275-285.

[106] Per Botolf. Maurseth：Convergence，geography and technology[J]. Structural Change and Economic Dynamics，2001(12)：247-276.

[107] Julian Ramajo，Miguel Márquez，Francisco Pedraja，Javier Salinas. Competition in the allocation of public spending：a new model to analyse the interaction between expenditure categories[J]. Economics Bulletin，2007，8(4)：1-7.

[108] Rey S. Spatial empirics for economic growth and convergence[J]. Geo-

graphical Analysis，2001(33)：194-214.

[109] Le Gallo J，Ertur Cem. Exploratory Spatial Data Analysis of the Distribution of Regional Per Capita GDP in Europe，1980-1995[J]. Regional Science，2003(82)：175-201.

[110] Neven D，and C Gouyette. Regional convergence in the European Community[J]. Journal of Common Market Studies，1995(33)：47-65.

[111] López-Bazo E，E Vayá，A J Mora，and J Suriñach. Regional economic dynamics and convergence in the European Union[J]. Annals of Regional Science，1999(33)：343-370.

[112] Magrini S. The evolution of income disparities among the regions of the European Union[J]. Regional Science and Urban Economics，1999(29)：257-281.

[113] Cheshire P，and S Magrini. Endogenous processes in European regional growth，convergence and policy[J]. Growth and Change，2000(31)：455-479.

[114] Agustín García & Julián Ramajo. Fiscal policy and private consumption behaviour：The Spanish case[J]. Empirical Economics，2005，30(1)：115-135.

[115] Carlino G，Mills L. Are U.S. Regional In-comes Converging? [J]. Journal of Monetary Economics，1993(32)：335-346.

[116] Lee L F. Asymptotic distributions of quasi-maximum likelihood estimators for spatial econometric models：Mixed regressive，spatial autoregressive processes[M]. Columbia：Ohio State University，2001：58-66.

[117] Elhorst J P. Specification and estimation of spatial panel data models[J]. International Regional Science Review，2003(26)：244-268.

[118] Elhorst J P. Unconditional Maximum Likelihood Estimation of Linear and Log-Linear Dynamic Models for Spatial Panels[J]. Geographical

Analysis，2005(37)：85-106.

[119] 朱传耿，顾朝林，马荣华，甄峰，张伟. 中国流动人口的影响要素与空间分布[J]. 地理学报，2001，56(5)：549-560.

[120] 陈斐，郭朝辉，杜道生，周旭，贾云鹏. 基于 GIS 的区域经济分析与决策初步研究[J]. 人文地理，2002，17(6)：77-80.

[121] 吕安民，李成名，林宗坚，金逸民. 人口统计数据的空间分布化研究[J]. 武汉大学学报(信息科学版)，2002(6)：274-278.

[122] 刘德钦，刘宇，薛新玉. 中国人口分布及空间相关分析[J]. 遥感信息，2002(6)：2-6.

[123] 刘旭华，王劲峰，孟斌. 中国区域经济时空动态不平衡发展分析[J]. 地理研究，2004，23(4)：530-540.

[124] Ying L G. Understanding China's recent growth experience：A Spatial Economic Perspective[J]. The Annals of Regional Science，2003(37)：613-628.

[125] Demurger S，杰夫·萨克斯，胡永泰，等. 地理位置与优惠政策对中国地区经济发展的相关贡献[J]. 经济研究，2002(9)：14-23.

[126] Démurger S，Jeffrey D Sachs，Wing T. Woo，Shuming Bao，Gene Chang and Andrew Mellinger. Geography，Economic Policy and Regional Development in China[R]. NBER Working Paper，2002，No. 8897.

[127] 林光平，龙志和，吴梅. 我国地区经济收敛的空间计量实证分析：1978—2002 年[J]. 经济学(季刊)，2005(S1)：67-82.

[128] Aziz Jahangir and Duenwald Christoph. China's Provincial Growth Dynamics[R]. IMF Working Paper，2001，WP-01-3.

[129] 徐现祥，舒元. 中国省区经济增长分布的演进(1978—1998)[J]. 经济学(季刊)，2004，3(3)：619-638.

[130] 蒲英霞，马荣华，葛莹，黄杏元. 基于空间马尔可夫链的江苏区域趋同时空演变[J]. 地理学报，2005(5)：817-826.

［131］周卫峰. 中国区域经济增长收敛性研究［D］. 北京：中国社会科学院研究生院，2005：38-48.

［132］王争，钱彦敏. 中国省际收敛与收入分布的"极化"特征，1978—2004：趋势及成因［J］. 经济发展论坛，www.fed.org.cn，2006.

［133］李国平，陈晓玲. 中国省区经济增长空间分布动态［J］. 地理学报，2007，62（10）：1051-1062.

［134］Portes Richard & Rey Helene. The determinants of cross-border equity flows［J］. Journal of International Economics，2005，65（2）：269-296.

［135］Clark G L. The Functional and Spatial Structure of the Investment Management Industry［J］. Geoforum，2000（31）：71-86.

［136］Clark G，Feldman M，Gertler M. The Oxford Handbook of Economic Geography［M.］Oxford：Oxford University Press，2000：60-76.

［137］William Grave. The Geography of Mutual Fund Assets［J］. The Professional Geographer，1998，50（2）：243-255.

［138］Peter G Dunne & Michael J Moore & Richard Portes. Benchmark Status in Fixed-Income Asset Markets［J］. Journal of Business Finance & Accounting，2007，34（9-10）：1615-1634.

［139］Leyshon A，Thrift N. A phantom state? The detraditionalisation of money，the international financial system and international financial centres［J］. Political Geography，1994（13）：299-327.

［140］Kobrin S J. Electronic cash and the end of national markets［J］. Foreign Policy，1997（2）：65-77.

［141］Ohmae K. The Borderless World［M］. London：Harper Collins，1990：23-36.

［142］Engwall Lars & Marquardt Rolf & Pedersen Torben & Tschoegl，Adrian E. Foreign bank penetration of newly opened markets in the Nordic countries［J］. Journal of International Financial Markets，Institutions and

Money，2001，11(1)：53-63.

[143] Porteous D J. The Geography of Finance：Spatial Dimensions of Interme-diary Behavior[J].Aldershot Avebury，1995(7)：256-260.

[144] Zhao S X. Spatial Restructuring of Financial Centers in Mainland China and Hong Kong[M]. Hong Kong：Sweet & Maxwell Asia，2002：13-39.

[145] Portes Richard & Rey Helene & Oh Yonghyup. Information and capital flows：The determinants of transactions in financial assets[J].European Economic Review，2001，45(4-6)：783-796.

[146] Kaufman. Emerging Economies and International Financial Centers[J]. Review of Pacific Basin Financial Markets and Policies，2001，4(4)：365-377.

[147] Joo Sangyong. International Finance Center：Its Conditions and Effects [J]. Bank of Korea Economic Papers，2005，8(1)：145-60.

[148] Papaioannou Elias & Portes Richard & Siourounis Gregorios.Optimal cur-rency shares in international reserves：The impact of the euro and the prospects for the dollar[J]. Journal of the Japanese and International E-conomies，2006，20(4)：508-547.

[149] Leyshon A，N J. Thrift Money/Space：geographies of monetary transfor-mation[M].London：Routledge,1997：50-63.

[150] Martin，Ron and Peter Sunley. Slow convergence? The New Endogenous Growth Theory and Regional Development[J]. Economic Geography，1998，74(3)：201-227.

[151] Gehrig T. Cities and the Geography of Financial Centers[M]. Cam-bridge：Cambridge University Press，2000：23-30.

[152] Clark G L，Wbjcik D. An Economic Geography of Global Finance：Own-ership oncentration and Stock-Price Volatility in German Firms and Re-gions[J]. Annals of the Association of American Geographers，2003，

93(4)：909-924.

[153] 赵晓斌，王坦，张晋熹．信息流和"不对称信息"是金融与服务中心发展的决定因素：中国案例[J]．经济地理，2002，22(4)：408-414.

[154] 潘英丽．论金融中心形成的观基础——金融机构的空间聚集[J]．上海财经大学学报，2003，5(1)：50-57.

[155] 支大林．中国区域金融研究[D]．长春：东北师范大学，2002.

[156] 田霖．区域金融成长差异：金融地理学视角[M]．北京：经济科学出版社，2006：50-60.

[157] Lucas Robert E Jr & Rapping Leonard A. Price Expectations and the Phillips Curve[J]. American Economic Review，1969，59(3)：342-350.

[158] King R G and Levine R. Finance and Growth：Schumpeter might be Right[J]. Quarterly Journal of Economics，1993(108)：717-738.

[159] Stiglitz J E. The Role of the Statein Financial Markets[J]. The World Bank Economic Review，1994(8)：19-52.

[160] Show E S. Financial Deepening in Economic Growth[M]. New York：Oxford University Press，1973：60-70.

[161] Mckinnon R I. Money and Capital in Economic Development[M]. Washington D C：Brooking Instition，1973：20-60.

[162] Schumpeter Joseph. The theory of Economic Development[M]. Cambridge，Massachusetts：Harvard University Press，1912：110-243.

[163] John G Gurley，E S Shaw. Financia Aspects of Economic Development[J]. American Economic Review，1995，45(4)：515-538.

[164] Wicksell Knut. Value，Capital and Rent(1893)[M]. New York：Augustus M Kelley Reprint，1970：80-85.

[165] Patrick H T. Financial development and economic growth in under- developed countries[M]. Economic Development and Cultural Change，1966(14)：174-189.

［166］Goldsmith R W. Financial Structure and Development［M］. New Haven：Yale University Press，1969：20-89.

［167］Levine Ross & Loayza Norman & Beck Thorsten. Financial intermediation and growth：Causality and causes［J］. Journal of Monetary Economics，2000，46(1)：31-77.

［168］Beck Thorsten & Levine Ross & Loayza Norman. Finance and the sources of growth［J］. Journal of Financial Economics，2000，58(1-2)：261-300.

［169］曾康霖. 要注重研究区域金融［J］. 财经科学，1995(7)：15-34.

［170］张杰. 中国金融成长的经济分析［M］. 北京：中国经济出版社，1995：50-68.

［171］张军洲. 中国区域金融分析［M］. 北京：中国经济出版社，1995：23-36.

［172］殷德生. 我国金融组织空间结构：路径、效率与改革［J］. 当代财经，2000(8)：37-41.

［173］潘文卿，张伟. 中国资本配置效率与金融发展相关性研究［J］. 管理世界，2003(9)：16-23.

［174］陆文喜，李国平. 中国区域金融发展的收敛性分析［J］. 数量经济技术经济研究，2004(2)：125-128.

［175］金雪军，田霖. 我国区域金融成长差异的态势：1978—2003 年［J］. 经济理论与经济管理，2004(8)：24-30.

［176］王维强. 我国区域金融政策问题研究［J］. 财经研究，2005，31(2)：110-119.

［177］赵伟，马瑞永. 中国区域金融发展的收敛性、成因及政策建议［J］. 中国软科学，2006(2)：94-101.

［178］冯玥，王如渊. 对我国区域金融发展的聚类分析［J］. 统计与决策，2007(1)：73-75.

［179］周立，王子明. 中国各地区金融发展与经济增长实证分析：1978—2000［J］. 金融研究，2002(10)：1-13.

［180］Genevieve Boyreau-Debray. Financial Intermediation and Growth：Chinese Style[R]. World Bank Working Paper，2003，www. worldbank. org.

[181] 陈柳钦，曾庆久. 我国金融发展与经济增长关系的实证分析[J]. 经济理论与经济管理，2003(10)：13-18.

[182] 艾洪德，徐明圣，郭凯. 我国区域金融发展与趋于经济增长关系的实证分析[J]. 财经问题研究，2004(7)：26-32.

[183] 周好文，钟永红. 中国金融中介发展与地区经济增长：多变量 VAR 系统分析[J]. 金融研究，2004(6)：130-137.

[184] 沈坤荣，张成. 金融发展与中国经济增长——基于跨地区动态数据的实证研究[J]. 管理世界，2004(7)：15-21.

[185] 王景武. 金融发展与经济增长：基于中国区域金融发展的实证分析[J]. 财贸经济，2005(10)：23-27.

[186] 周宁东，汪增群. 金融发展对经济增长的贡献——一项基于面板数据的研究[J]. 财贸经济，2007(5)：86-92.

附录 攻读博士学位期间的研究成果

1. 发表论文

[1] 史瑛.我国信贷供给的空间聚集与区域效应研究[J].经济经纬,2009(8):64-68.(CSSCI)

[2] 史瑛.我国农村信用社推行贷款五级分类管理的难点和对策[J].经济纵横,2007(11):22-24.(CSSCI)

[3] 史瑛.基于 Bagging 分类树集成算法的个人信用评估研究[J].统计与决策,2008(10):6-8.(CSSCI)

[4] 史瑛.企业套期保值的驱动因素及其最优化方法[J].社会科学家,2008(3):112-116.(CSSCI)

[5] 史瑛,刘治国,孔行.我国房地产宏观调控政策的十年回顾与反思[J].投资研究,2009(9):29-33.(CSSCI)

[6] 刘淑芳,史瑛,刘治国.金融地理视角下中国信贷供给的区域效应研究[J].金融论坛,2009(6):42-47.(CSSCI)

[7] 史瑛.从金融产业发展看高校金融学专业课程体系的构建[J].新乡学院学报,2009(5):164-166.

[8] 史瑛.带交易费用 VaR 套期保值比的计算[J].洛阳师范学院学报,2009(20):33-36.

[9] 史瑛.我国在市场经济初期阶段的货币政策分析[J].经营管理者,2009(8):10.

[10] 史瑛.全球金融危机下中国企业并购问题研究[J].中国经贸导刊,2009(18):98.

[11] 史瑛.股指期货套利与指数复制[J].信阳师范学院学报,2009(5):62-65.

［12］史瑛.模式识别技术在贷款风险分类中的适用性分析［J］.商场现代化,2008
(9):383-384.

［13］史瑛.浅析中国商业银行实施利率风险管理的制约因素及路径选择［J］.信阳
师范学院学报,2008(5):61-64.

［14］史瑛.浅议我国信息产业发展阶段的税收政策［J］.新乡师范高等专科学校学
报,2008(2):41-43.

［15］史瑛.速动比率指标与企业短期偿债能力关系的实证分析报告［J］.科学时
代,2009(17):73-76.

2.著作

［1］苏全友,张好收,杨曦,陈先宝,史瑛.近代中国专题研究［M］.北京:线装书局,
2008:1-64.

3.获得奖励

［1］史瑛.企业套期保值的驱动因素及其最优化方法.河南省社会科学优秀成果三
等奖,2009(9).